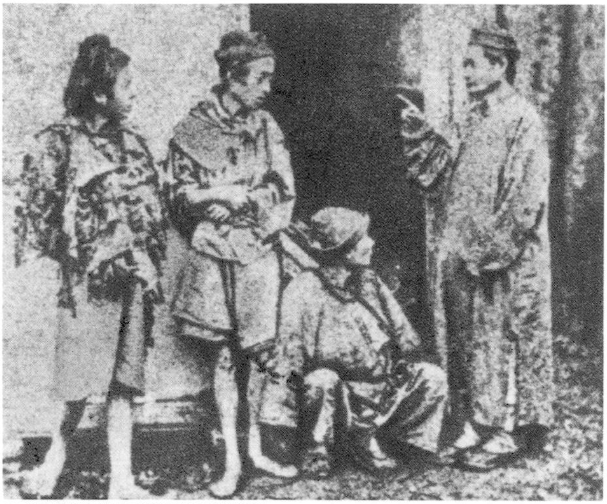

●清末破產的農民流落街頭

●洪秀全畫像

●洪秀全、馮雲山到廣西的第一個落腳處：貴縣賜谷村

●金田起義的營盤遺址

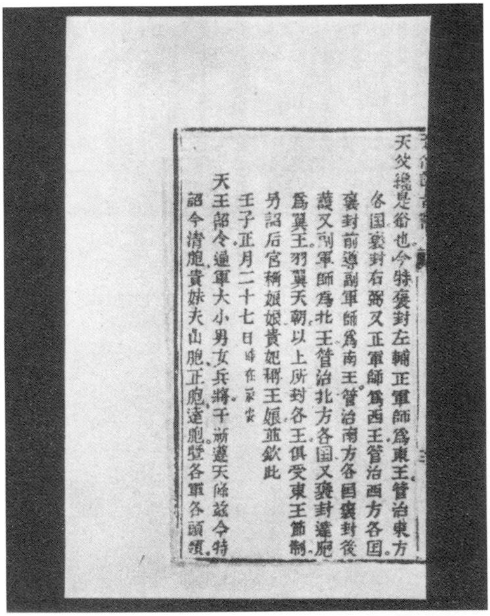

天父總是爺也。今特褒封左輔正軍師爲東王，管治東方各国；褒封右弼又正軍師爲西王，管治西方各国；褒封前導副軍師爲南王，管治南方各国；褒封後護又副軍師爲北王，管治北方各国；又褒封達胞爲翼王，羽翼天朝。以上所封各王，俱受東王節制。另詔后宮稱娘娘，貴妃稱王娘。

欽此

壬子正月二十七日時在永安

天王詔令通軍大小男女兵將，千祈遵天條。茲今特詔令清胞、貴妹夫山胞、正胞、達胞暨各軍各頭領

一八五一年，洪秀全在永安發佈的封王詔令

永安城牆的一角

●天京天王府正門素描

●天王府內的豪華石舫

●天王洪秀全玉璽

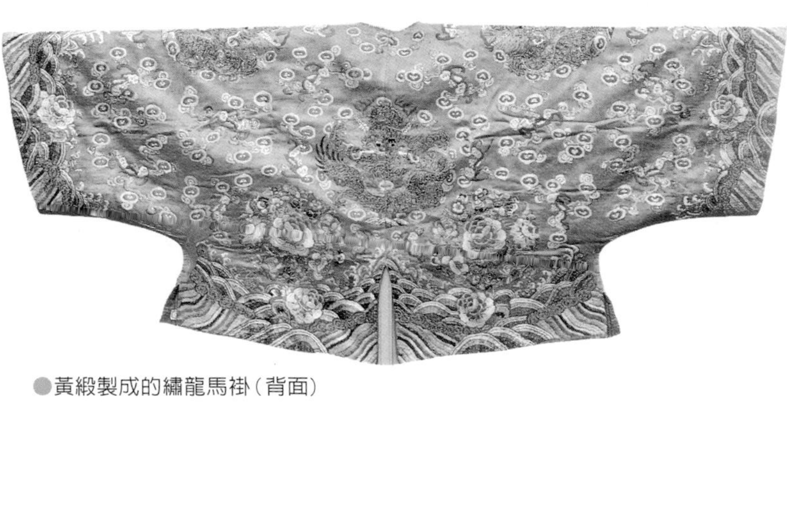
●黃緞製成的繡龍馬褂（背面）

●一八六一年太平軍所造的銅砲（前部已截掉）

●太平軍帽箍

●曾國藩的湘軍

●李鴻章的淮軍

●上海小刀會戰士圖

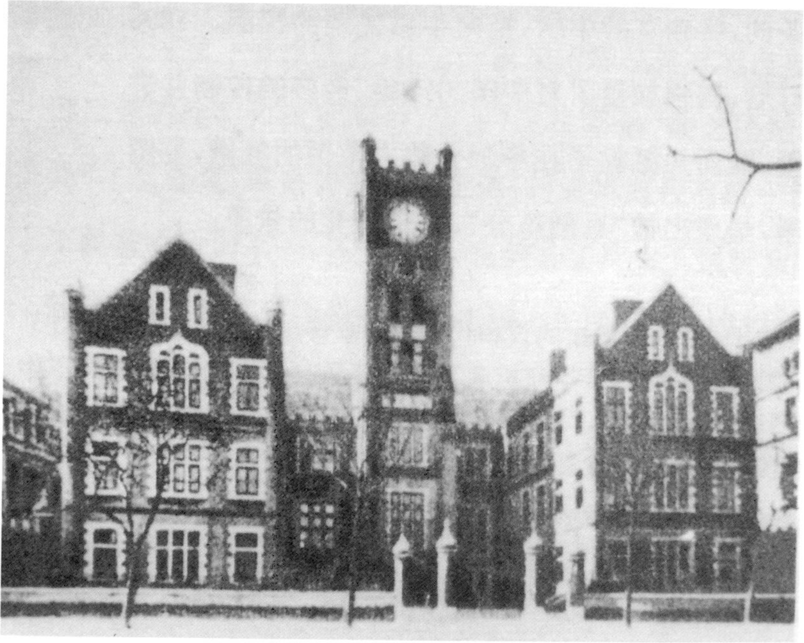
●長期受英國控制的上海海關

唐德剛作品集

民國通史

晚清導論篇

唐德剛作品集②

晚清七十年

・貳　太平天国・[**全五冊**]

作　　者——唐德剛
主　　編——游奇惠
責任編輯——陳穗錚
發 行 人——王榮文
出版發行——遠流出版事業股份有限公司
臺北市 10084 南昌路 2 段 81 號 6 樓
電話／2392-6899　傳真／2392-6658
郵撥／0189456-1
著作權顧問——蕭雄淋律師
1998 年 6 月 1 日　初版一刷
2019 年 6 月 1 日　初版三十刷
售價新台幣 220 元（缺頁或破損的書，請寄回更換）

ISBN　957-32-3512-9　（第二冊）
ISBN　957-32-3510-2　（套號）

YLib 遠流博識網
http://www.ylib.com　　E-mail:ylib@ylib.com

目錄

【參】甲午戰爭與戊戌變法

四、捲入三大危機・一項運動

五、論孫文思想發展的階段性

六、細說辛亥革命

七、同盟會是個革命大拼盤

八、韃虜易驅，民國難建

晚清七十年

貳

太平天国

一、論晚清週期性內亂與洪楊悲劇

從中國傳統史學（包括《二十五史》和《通鑑》）的觀點來看，滿清二百六十八年實在是中國史上最值得稱頌的一個朝代。

論武功，它開疆拓土、四向擴張，幅員之廣闊在中華民族史上是沒有前例的。乾隆時代東南亞「香料群島」一帶（今印尼東端）有些小國如蘇祿(Sulu)等等，被葡萄牙、西班牙和荷蘭等海盜嚇慘了，乃向北京上表「求內附」作藩屬；乾隆爺還下詔以「險遠不許」呢！這與西方和日本的帝國主義作風，如何能比？

論文治，則清初康雍乾三朝一百三十餘年（一六六一～一七九五）的國泰民安，制度上軌道、政治有效率，真是「三代以下無斯盛」！——滿清也是我國歷史上（包括國共兩黨的政府在內），唯一沒有全國性「傜役制」(corvée或forced labor)的一個朝代（見《皇清通考》）。若論政府對人民的剝削，清朝實在是最少的啊！

論經濟，康雍乾三朝，人丁劇增、民豐物阜也不在同時歐洲之下；縱遲至「鴉片戰爭」（一八三九～一八四二）前夕，我們的一個資本家浩官伍敦仁（一七六九～一八四三，廣州十三行主東之一），他個人的財富，據美商估計也比與他同時最富有，也是第一位搞壟斷貿易的美國財閥約翰・亞斯特(John Jacob Astor, 1763~1848)，可能還要富上好幾倍。

【附註】亞斯特財團也是紐約市最早、最大、最豪華的「華爾道夫大飯店」（Hotel Astor Walldorf）的擁有者。李鴻章於一八九六年訪問紐約時，即下榻該飯店。亞斯特本人也是靠對華皮貨貿易（fur trade）起家的。

再說說學術文化吧！中國那時更是獨步全球。乾隆皇帝於美國革命時期在北京開館修《四庫全書》。這一部被他陛下一「燬」再「燬」的叢書，所剩下的卷帙，其分量還大於當時全世界其他各國現存書籍之總和！舉一反三，其他的成就，就不用多說了。

所以我國帝制時代最後一朝的滿清，實在是不可小視的。可是近百年來它卻爲中外史學家蹧蹋得不成個樣子，實在是很不公平的。其主要原因便是時至晚清，改朝換代的週期已屆。國之將亡，一切典章制度都癱瘓到底，已非人力所能挽救；因之內憂外患，一時俱來。大風吹倒前朝樹，我們歷史上的最後一朝也就逐漸沉入歷史的海洋，而任人鞭屍了。

第一冊曾略敘晚清外患的始末。本篇再談談晚清帶有濃厚週期性的內憂。

玉石俱焚的週期性內亂

在我國冗長的歷史裡，「外患」往往都是偶發的；而「內亂」則多爲歷史的「必然」。蓋我國傳統的外患多半來自邊疆少數民族。邊疆少數民族之能否問鼎中原，則決定於兩種因素：第一要看它本身有無入侵的能力；第二要看中原上國有否給它問鼎的機會。二者的湊合是難得的，也是偶然的。這一難得與偶然事實上也適用於現代西方帝國主義之入侵。

至於內亂呢？那它就往往有其週而復始的必然性了；而這個必然性，也往往是有遠見的政治家、歷史家，甚至陰陽家、術數家，都可以預測的、逆料的。

〔附註〕陰陽學、術數學不是中國和印度所專有的「迷信」。它在猶太、古希臘和伊斯蘭等文明裡都佔有極重要的地位。它在當今世界上的信徒顯然包括絕大多數台港的資本家和大陸上的高低共幹。我國近代史上所有的軍閥、政客，幾可說無人不信。甚至蔣中正、毛澤東二公也都是它虔誠的信徒。美國前總統雷根和他的夫人南茜篤信之誠，尤其是世界聞名的。今日美國第一夫人希拉蕊，居然也可以「通靈」。迷信之深也出乎吾人之想像。

「術數學」在西方文明裡叫做numerology。這項學術在中國則始自《易經》；在西方則爲古希臘哲人畢達哥拉斯(Pythagoras, 580～507 B.C.)所倡導，是一種「非科學的科學」。其實「科學」(science)，從亞里斯多德到楊振寧、李政道所搞的，也只是人類智慧中發掘出來的知識之一環。它如今已變成一種「超發展」(over-developed)的學問，在「現代文明」(Modern Civilization)中簡直是罷黜百家、獨崇老子的一霸。可是在將來的「超西方」(Post-Western)和「超現代階段」(The Post-Modern Era)裡，那些「低發展的知識」(underdeveloped learnings)和「非科學的科學」(unscientific sciences)是否也有「突破」(breakthrough)之一日，吾人不知也。不過搞學問不應太自我設限就是了。

其實我們對清末國是的解釋，還是以陰陽家的「氣數已盡」四字，最為切當。「氣」者，朝氣也、暮氣也、死氣也……中醫所謂「精、氣、神」是也。滿清末年，可說三者皆死。

「數」者，數據也，data也。除掉那些「非科學」的甲子、乙丑不談，其他的「科學數據」如人口過剩、民窮財盡、民不畏死等等各項統計，都注定滿清王朝，非滅亡不可。

甚至就以當朝統治者找「接班人」的獨家數據來說吧！康熙皇帝統治了六十一年，死後還有十八名皇子——十八個合法接班的班子。可是到清末同光宣三帝（或加上咸豐成四帝），卻連一個兒子也生不出來了。咸豐帝后妃成群，也只有一個最狡猾的慈禧，替他生了個兒子，這也就耐人深思了。

朋友們或許要問：皇帝生不生兒子，還要麻煩「現代」史學家們叨叨不休嗎？答曰：是也。皇帝生不生兒子太重要了嘛！我國春秋戰國時代，列強之間訂立國際條約都要把「毋易樹子」（也就是不可以小兒子，尤其是小老婆生的兒子來代替大老婆生的大兒子做接班人），「毋以妾爲妻」、「毋使婦人與國事」等等家庭小事，寫入國際公法，以維持世界和平。

因爲在那個「一家統治一國」，「國家強於社會」的時代中，一個有關鍵性的家族裡，大小老婆打架，是會影響國際和平，引起世界大戰的。其實當代中國還不是如此?!

筆者走筆至此，不免想起我國近代大思想家梁啓超先生來。梁氏在他的《新民叢報》上詆毀我們舉世無雙的《二十四史》說，我國諸史非史也，「帝王家譜」也。梁氏著書於「西學」初來之時。日譯西書有限；他自己又不通蟹行文，弄點西學皮毛便搶新學，罵起祖宗來了。殊不知在那個時代，「帝王家譜」的重要性遠大於「歷史」啊！所謂「正史」者，其內容原是以「帝王家譜」一門最爲重要嘛！物有本末，事有終始，知所先後，則近道矣。先聖先賢不是早有明訓?!

做皇帝、做大獨裁者，要日理萬機，明察秋毫。那項繁重工作，豈是一個精氣神皆孱，連個兒子也生不出的像溥儀先生那樣的人，所能勝任的呢？

總而言之，時至晚清，我國改朝換代的週期已屆，大清氣數已盡，不是出幾個像李鴻章、鄧小平一類的人物，搞兩下什麼「中興」就可挽救得了的。

天地不仁，以萬物爲芻狗。在我國歷史上這個週期一到，就要出現黃巢、張獻忠一類的煞星。結果赤地萬里，屍骨堆山，血流成河，中華文化遺產，玉石俱焚……最後才能海晏河清，再產生一個新的朝代來。

這一種中國歷史上改朝換代的痛苦，已經是夠大的了。到二十世紀，我們要把中古的中國改變成西式的現代國家，那這個週期性的變亂，就要拖得更長更慘了。

揭竿而起和揭竿不起

大致說來，滿清沒落的週期，蓋始於乾隆之末、嘉慶之初。在我國古代這一個週期開始時的徵候便是地方不靖，盜匪橫行——用個現代化的名詞，那便叫做「農民起義」。

農民起義之初，類多爲零星土匪，在鄉里打家劫舍。直至腐化了的官府不能禁止之時，他們就漸漸的彼此併吞裹脅，變爲股匪了。發展至此，一些失意而有野心的文人、知識分子就要加以利用。其中赫赫有名的如劉邦、張角、黃巢、宋江、朱元璋、李自成、張獻忠、洪秀全、張作霖、毛澤東……都是農民暴動領袖中的佼佼者。他們利用農民的方式雖各有不同，然其志在「打天下」、「建朝廷」、「做皇帝」的道路則基本相同。——這也是我們中華農業大帝國傳統之內，政治上新陳代謝過程的特有現象，其他文明中是沒有的。

筆者這一輩在農村中生長的中國人，有許多便有目擊，甚或參與這種傳統農民暴動的親身經驗。這種經驗在今後的中國是不會再有了，因爲那是中央集權的「農業大帝國」的特有現象。農業大帝國在中國歷史上不會再出現了；這一農民暴動的現象也就不會再有了。

毛澤東、鄧小平諸公就不瞭解這一點。毛搞「大躍進」餓死農民兩千餘萬，人相食，而農民沒有出個陳勝、吳廣，來「揭竿而起」。毛氏覺得很奇怪。不知其所以然，他只好說是「中國農民太好了」。毛始皇就不知道，當年秦始皇「收天下兵器，鑄爲十二金人」，這些「金人」老爺是不能拿刀殺人的。農民沒有「兵器」，在那個時代，他們「削竹爲槍」，還是照樣可以造反的啊！

毛主席收盡天下兵器，鑄爲千萬機槍、坦克；農民「揭竿而起」就辦不到了。帝國時代的中國農民就那樣不好？動不動就造反？人民中國時代，農民就那樣「好」？餓死也不造反？他們承毛主席高看了！

劉邦，這個農民領袖，「入關」時「約法三章」的第一章便是「殺人者，死。」毛澤東在「大躍進」中，一下便餓死農民兩千五百萬，這是人類歷史上最大的謀殺案，或過失殺人案，農民要判他兩千五百萬個死刑啊！潤之兄，你還想在歷史的地獄裡超生！

鄧小平先生是有大恩於中國農民了——他把農民從毛澤東的「農奴制」(serfdom)中解放出來。這樣他就以爲中國八千萬農民是他鄧家政權的老本了。「有八千萬農民支持我，怕什麼？」鄧公有所不知，時至今日，甚至早在十八世紀的法蘭西，「改朝換代」的樞紐已不在農村。它的重點是在「巴士底獄」圍牆之外啊！拿破崙將軍哪是什麼農民的領袖呢？

題外之言，扯得太長了，就此打住。

白蓮教和嚴新的「帶功講座」

晚清農村發生嚴重性造反現象，蓋始於乾嘉之際的「白蓮教」之亂。這種清史上所謂「教匪」便是失意知識分子利用宗教迷信，以煽動貧苦絕望的農民聯合造反，很標準的「農民大起義」。

「白蓮教」是我國宋、元、明、清四朝潛伏於民間，最有號召力的祕密「會道教門」(folk religion)。清末的「天地會」和搞「刀槍不入」的「義和拳」，民國時代的什麼「同善社」、「一貫道」、「紅槍會」、「大刀會」，乃至今日風靡台海兩岸的「氣功」傳習和「特異功能」等等，都是他老人家的嫡系或旁支。

愚夫婦最近在紐約花了一百美金，去參加大陸訪美的氣功大師嚴新所主講的「氣功帶功講座」。我被主持人延坐於講台之上、嚴新之側，面對聽眾數百人。當嚴醫師帶功講演時，聽眾之中頓起騷動——哭者、笑者、顫者、抖者、盲行者、跳舞者、拍手者，甚至翻觔斗、打滾、少女沿牆倒立……不一而足。我鄰座一位妙齡少女也隨眾離座起舞，舞姿美妙。我坐於她的「磁場」之內，她向我「發功」（她事後告訴我的），我也在無意中扭了若干次，爲坐在遠處的老伴所目擊。雜座於聽衆中的李又寧教授也在座位上起舞，舞態也頗爲可觀。

那位在講台上一講數小時，講話既無陰陽頓挫，口中也不要喝水的嚴醫師，卻頻頻招呼攝影記者「把這些美妙姿態照下來」。我雖未帶照像機卻高坐於講台之上，整個會場一覽無餘。眼見那些滿嘴鬍鬚，粗壯無比的大洋人也失去控制而搖頭晃腦，手舞足蹈，與鄰座指手畫腳的東方夫人，相映成趣——眞是好一場大魔術表演，不見不信。

據嚴新說，他在大陸上最大的一次「帶功講座」，聽衆有十九萬人之多，盛況可知。我這位「無師自通」的氣功學徒，也告訴他說，我要拜他做老師。——朋友，人家是眞有本領！不是瞎扯淡的嘛！

我想：我如是個晚清時代的失地農民，嚴新如果是個白蓮教的「老頭子」，那我一定會跟他去「造反」的。他如被「招安」了，要替葉赫那拉老太太搞「扶清滅洋」，那我也會追隨到底的。

舜猶人也！讀者與作者亦「人」也。做個「人」，則我們的社會行爲都有其相通之處。是造反或是保皇，彼此都不值得大驚小怪的。看過嚴新，就不免使我聯想起那位「

上帝的小兒子」、「耶穌的弟弟」、「天王洪秀全」來了。

廣東洪秀全何以在廣西造反？

洪秀全所生的那個時代便是傳統中國歷史上產生陳勝、吳廣、張角、黃巢、宋江、朱元璋、李自成、張獻忠的那個時代。在那個時代裡，上面政府的統治大機器已徹底鏽爛，不堪使用了。下面的社會也百病叢生——黑死病、愛滋病都一時俱來。病入膏肓，醫藥罔效，人死病斷根，那就要改朝換代了。

在傳統中國農業經濟的體制下，百分之八十以上的人口是農民；而農民中之絕大多數又是些終年難得一飽的貧下中農。當他們在這種「上下交征」的殘酷環境裡，求生不能、求死不得之時，他們就要鋌而走險，集體暴動了。在農民暴動蓄勢待發之時，上帝忽然派了祂的小兒子下凡「除妖」，這位小上帝：「天兄耶穌之弟」的「洪先生」，和這些農民自然也就一拍即合了。——洪先生搞「帶功講座」的本領，可能比嚴先生還要大上幾倍，也未可知。

洪秀全就是以「帶功講座」這一類的方式開始，領導數萬農民造起反來的。

洪秀全本是廣東花縣人，他爲什麼要捨近求遠，跑到鄰省廣西去造反呢？這就是因爲在那個造反有理的要求之下，廣西的造反條件實遠優於廣東。

廣西在今日大陸政治區劃中已經不是個「省」，它被劃爲「壯族自治區」。壯族在我國少數民族排行中是最大的一族，有六百萬以上的人口。其中兄弟民族又有苗傜彝黎等等種族繁多。其實這些少數民族事實上只是「中華民族大熔爐」(The Chinese Melting Pot)中尚未完全熔化的部分。根據熔化的程度他們且有「生」、「熟」之分。筆者在抗戰期間讀中學曾隨校遷入這個西南少數民族地區。那時我們所接觸的苗族同胞即有「熟苗」、「生苗」之別。最熟的熟苗那就與我們所謂「漢族」毫無分別。他們的子女也就進入我校讀書。可是我們如與「生苗」往還，那就要帶「通事」（翻譯）了。

清末的廣西當然比抗戰期中的大西南更爲複雜。全省漢番雜處，生熟兼備。而漢人之間亦有土居漢人（早年南遷者）與「客家」（後來的北方移民）之別。其情形蓋亦如台灣今日的「本省人」與「外省人」吧！這大概也是我們民族劣根性在作祟，這兩幫「漢人」之間的摩擦，原是沒止沒盡的。至於漢番之爭，乃至少數民族本身之間的鬥爭那就更不用說了。再加上地理條件——全省地瘠民貧、謀生不易。因此落草爲寇，實是優勝劣敗，適者生存的終南捷徑。縱遲至我的朋友李宗仁將軍的時代，他所熟悉的廣西，還是「無處無山，無山無洞，無洞無匪」的。

廣西在人文和自然環境上還有一個有趣的特點。那便是自梧州上溯，凡住於西江流域的人民都說「粵語」（廣東話）；而住於桂江兩岸的，則說「桂林官話」。說這兩種不同語言的也難免有其不同的畛域觀念。

上述種種也都爲有能力有魄力的野心家提供條件，使他們能因時、因地而掌握其特性，組織群衆，揭竿而起。

洪秀全是一位科場失意、能說粵語的客家人。他在花縣是一位被歧視的漢族中的少數民族。所以在花縣他是不會有太多的群衆的。加以花縣地鄰廣州，居民的文化和經濟水平都相當高。洪先生想搞點「妖言惑衆」、「帶功講座」，也是不太容易的。可是他如跑到地瘠民貧，客家聚居的廣西西江兩岸的貴縣、桂平紫荊山、金田村一帶，那洪先生就可稱聖稱賢、稱王稱霸，如魚得水了。

一口通商和「五口通商」的經緯

洪秀全造反還有一個那時代所特有的經濟背景。

洪氏起義金田是在「鴉片戰爭」結束的八年之後。在結束鴉片戰爭的〈南京條約〉締結之前，中國所搞的「外貿」制度，原是「一口通商」。全國貨物——如蘇杭寧的絲綢，江西的瓷器，福建的紅茶、漆器，安徽的綠茶，長江下游的棉紡織品等等——銷行歐美海外，都是要翻山越嶺，通過廣州「一口」去漂洋過海的。歐美南洋商品——如美洲的金銀，英國的呢絨、鐘錶（且看北京故宮的「鐘錶館」）和後來的鴉片，美商所運入的檀香、人參（所謂「西洋參」有別於東北產的「高麗參」）、皮貨等等，乃至南洋產的珍禽異獸、犀角象牙……也都是通過廣州逆流而行暢銷於內地的。中外商家要搞「外貿」都要在廣州一口去參加變相的「廣交會」。中方出口貿易則由專搞出口的「公行」（大致有十二三個獨立商號，如上述浩官）加以壟斷；番禺〈竹枝詞〉所謂「金錢堆滿十三行」是也。

來華貿易外商則各有「夷館」，長期劃界居留，各營其利。中國管制外貿關卡，則有所謂「粵海關」，年入正稅約在八十萬兩上下（稅收略次於長江中游的「九江關」）。粵海關不屬於「戶部」（今之財政部），而直轄於「內務府」，是皇帝的私產。關稅收入作爲北京禁城的「維修費」。

〔附註〕滿清皇帝是不能亂花錢的。他是個「制度」（institution）。國家爲維持這個institution是有其一定預算的。中國的皇帝是「中央集權文官制」中，最高級的「官僚」。他不是個「寡頭獨裁者」。清末女主當權，葉赫氏破壞了這個制度。她因此亡了夫家，也報了娘家的世仇，才成爲亡國之后的。

我國當年「廣交會」的貿易額是可驚的。在倫敦、紐約等現代港口興起之前，廣州可能是獨步世界的大都市，和中世紀的泉州不相上下。

泉州在中世紀歐洲和伊斯蘭史上號稱「四桐市」(Zayton)，以其四周有巨桐四株也。余年前訪古四桐，瞻拜鄭和行香遺跡，登臨唐代古塔，覓四桐而不見，然其海天形勢迫人，固古今無殊也。嗣趨番禺，偕內子投宿於「白天鵝賓館」之最高層，俯視香江，見粵海之勝；想中國近代史上多少英雄人物：林則徐、伍敦仁、孫逸仙、蔣介石、李宗仁、毛澤東、趙紫陽……均逝於足下。眼見他起高樓，眼見他宴賓客，眼見他樓塌了。能不感慨系之。

其中浩官伍氏一家於上一世紀四〇年代之破產衰敗，即關乎本文闡述之主旨。蓋〈南京條約〉（一八四二）之後，通商擴及五口，上海乃扶搖直上，頓成五口之王。全國外貿進出中心移往長江下游。廣州十三行壟斷結束，生意一瀉如注，改業乏術，便淪於破產。

十三行破產不打緊。要緊的是廣州的衰落；廣州衰落不打緊，要緊的是靠它生意吃飯養家的千千萬萬，翻山越嶺，擺渡撐船的搬伕船伕。他們因廣州之衰落而失業，則妻兒嘵嘵，如何是好？

廣州「腹地」居民，尤其高居南嶺深山的客家同胞，和東西江的船民，由於廣州衰落而失業的嚴重情況，我國近代經濟史家，和專攻「太平天国」的專業史家，至今還沒有統計出精確數據(data)。但是也沒有史家可以否認其時失業問題之嚴重；蓋失業問題可於相關都市貿易量之起落而推算之也。吾人試想：今日熙熙攘攘之台北，股市如一旦崩潰，「泡沫」瞬息消失，則本市靠計程之車，左舉之手（餐廳服務員）為生者，將如何得了。類推之，可揣其大略也。廣州當年那宗「泡沫經濟」(bubble economy)，就是這樣衰敗下去了。一旦衰敗下去，則衆口嘵嘵，怨氣沖天，就替我們「洪先生」製造造反的基本隊伍了。事實上洪氏在清道光三十年十二月初十（一八五一年一月十一日）在金田起義時的六位開國元勳，洪氏之外，馮雲山、楊秀清、蕭朝貴、韋昌輝、石達開，雖出身各有不同，其爲失業農民領袖則一。

他們都是一批「苟富貴、毋相忘」的陳勝、吳廣。有的（如洪如楊）或許更是具有「特異功能」，能與「上帝」通話的土宗教組織家如張角、嚴新者流。一旦信徒蟻附，法號嚴明，面對著一個癱瘓無能的政府，惡貫滿盈的社會，他們就密謀造反了。這就是「太平天国」運動的具體背景。它在中國歷史上的前例也是找不完的。至於他們的「蓄髮易服」號稱「長毛」，也不過是一種傳統形式而已。蓋滿清入關之初，頒薙髮易服之令，曾遭到漢民族的激烈抵抗。但是在「留髮不留頭」的嚴令之下鎮反肅反搞了兩百年，我們也就阿Q一下，「男降女不降」了。「男降」者留頭不留髮也；「女不降」者，管你滿虜大腳，我仍愛其「三寸金蓮」也。

可是中國畢竟太大。儘管你「揚州十日」、「嘉定三屠」也嚇不倒我們那躲在南嶺深山裡的「客家」同胞。他們反其道而行，偏要搞個女降男不降。女降者，客家婦女與滿洲姐妹認同，大家都保留了「天足」（客家不裹小腳）；男不降者，保留了明代衣冠——蓄髮道袍。蒙上帝恩召時，亦毋需像一般「生降死不降」的漢族弟兄去「翹辮子」也。

這便是我們「太平天国」君臣，「長毛」佳名的所以然；也是太平宮廷「滿朝朱紫」的服式的來源。

曾國藩兄弟打垮了「長毛」，他們也燬棄了「上國衣冠」。馬君武詩人說：「百看不厭古時裝」。太平之後，這種「古時裝」，就只有讓一些京戲伶人和票友仕女，穿著到舞台上去過癮了。

「太平天国」興亡年表

「太平天国」是個大題目，剪裁不易。但是洪秀全究竟是一朝天子。太史公如復生今日，洪傳亦應以「本紀」出之。拙著只擬略述之。在評其得失之前，本篇且列個簡單的年表，以誌其興亡歲月如後：

一八一四年一月一日（清嘉慶十八年癸酉，十二月初十日）：洪秀全生於廣東花縣。生肖屬雞。家境貧寒。

一八二九（道光九年己丑）：秀全十六歲，赴廣州應試落第。

一八三二：秀全十九歲，廣州再落第。在街頭收到宣傳基督教小册子梁亞發著《勸世良言》，未讀、藏之。

一八四三：秀全三十歲。洪老童生在廣州三度落第。返家沮喪。臥病、「升天」、見「上帝」和「耶穌」。始讀《良言》。

一八四四：秀全三十一歲。與馮雲山往廣西貴縣傳基督教。

一八四七：秀全三十四歲，赴廣州投美教士羅孝全(I. J. Roberts)受教義，爲同門教徒排擠，未受洗而歸。再往廣西桂平、紫荊山一帶傳教。組織「拜上帝會」，有信徒三千人。開始與清軍衝突。

一八五一：秀全三十七歲。一月十一日糾合夥伴起義於桂平縣之金田村。九月克永安州，建「太平天国」。秀全自稱天王。十二月封：楊秀清東王、蕭朝貴西王、馮雲山南王、韋昌輝北王、石達開翼王。東王總其成。

一八五二（清咸豐二年）：太平軍克全州。南王戰死。入湖南克郴州，攻長沙不利，西王戰死。克岳陽練水師。

一八五三：一月克武昌。二月棄武昌，順流克安慶、蕪湖。三月二十日陷南京，改名天京。遣林鳳祥、李開芳北伐不利。清軍建「江南大營」、「江北大營」與太平軍對峙。

一八五四：曾國藩始練「湘軍」有成。頒〈討粵匪檄〉。全軍出擊，與太平軍形成拉鋸戰。

一八五六：秋，太平諸王腐化、內訌。北王殺東王，天王誅北王，株連甚衆。

一八五七：翼王避禍出走，死於蜀。太平開國元勳一時俱盡，朝政淪入洪氏家族四人幫之手，危亡立見，距建國不過四年耳。

一八五八～一八六四：太平朝政窳劣不堪，封「王」二千餘人。由英王陳玉成、忠王李秀成率領與清室湘軍、新建淮軍及英美僱傭兵（常勝軍）作殊死戰，終不敵。

一八六四：六月一日，秀全自殺，年始五十。七月十九日天京爲清軍攻破。「太平天國」亡，前後十四年。如何短命若此？下篇再詳論之。

＊一九九〇年八月二十四日脫稿於台北中央新村

原載於台北《傳記文學》第五十七卷第三期

二、太平開国故事再檢討

在中國近代史上，那位創建「太平天国」的洪秀全天王，和後來奠立「人民共和國」的毛澤東主席，實有極多的相似之處。

洪、毛二人都是有梟雄之才，而失意怨恚的傳統農村知識分子和草莽英雄。秀全考不取秀才，於一再落第之後，沮喪臥病，終於蒙上帝恩召，「升天」拜見耶穌，才決心捨正途走偏鋒，搞他個一知半解，半調子的洋宗教來除妖濟世。澤東考不進大學，在北大「偷聽」時，受盡當時一批趾高氣揚青年高知的屈辱，乃咬牙切齒鑽入「地下」，受學於馬恩列斯，以致終生抱他個有竅不通的半調子洋主義，來「興無滅資」。以流寇方式起家、領導農民暴動，二人後來都做了「皇帝」。做皇帝之後，二人皆強不知以爲知，推行個人臆斷而誤盡蒼生。晚年更猜忌多疑，殺盡功臣；直至心理變態、嗜慾好色、穢亂春宮。但是他二人命運的收場，卻有霄壤之別。毛氏壽終正寢，被裝入水晶棺內，公開展覽，任人瞻拜或唾罵。洪某畏禍自殺，被裹以黃綾，投入陰溝，任人鞭屍或嘆息。

總之，二人同是草菅人命、膽大妄爲的風流人物、草莽英雄；同爲半通不通的農村知識分子、小學教員、私塾先生，而幸與不幸之間，懸殊若斯！胡爲乎而然呢？暫將毛公留入後篇，今且一論洪公的成敗，以就正於高明。

「改朝換代」與「改朝換制」

首先吾人如用現代社會科學的法則，來分析「太平天国」的歷史，便知洪楊革命實絕無成功之可能。理由是「時代設限」，非人力所可強求也。

怎樣叫做「時代設限」呢？蓋我國歷史上的草莽英雄，在天下大亂之時，逐鹿中原，他們所追求的最高目標，都只是個簡單的「改朝換代」——他們要打倒一個腐敗的朝廷，摧毀一個腐爛的社會。然後在一片玉石俱焚的廢墟上，改朝而不換制，依樣畫葫蘆，再畫它兩三百年，然後再讓別人去打倒。

不幸自「鴉片」戰後（一八四二），西風東漸，人類的歷史已經由「中古」進入「現代」。我國原有那一套政治、經濟、社會、倫理等等的「傳統制度」，在西洋的「現代制度」挑戰之下，都無法原封不動地延續下去了。因此「時代」和「歷史」對我們這新一輩的逐鹿中原豪傑們的要求，就不止於「改朝換代」；他們還得有點「改朝換制」的見識和能力——「換制」，不是只把名詞上的「皇帝」換成「主席」或「總統」；把「司令官」換成「司令員」。它們還需要有點「質變」。搞「質變」，不特洪楊無此知識和能力。比他們晚了數十年的「總統」和「主席」們，還照樣變不了呢！

再者，搞一個國家、一個社會的「質變」——尤其是像咱們中國這個有二三千年未變的古老大帝國——也非一人一代，便可「畢其功於一役」的「突變」。它是「緩慢」的，經驗「累積」的，分「階段」前進的「漸變」。窮則變、變則通。其程序是迂迴曲折，有得有失，流血流汗，最後才能摸索出一個長治久安的新制度；然後才能在世界政壇上和「先進國家」輪流坐莊，創造一個「超西方」(Post-Western)、「超現代」

(Post-Modern)的局面來。

所以在十九世紀中期來替天行道的洪楊諸賢，都只是具有「改朝」之才，而缺其「換制」之識。恕我再重複一句，縱使他們具有（如後來孫中山先生那樣的換制之識），他們也沒有搞「換制」的機運。西哲有言曰：「制度者，智慧與機運之聯合產兒也。」二者缺一不可。

有「智慧」無「機運」，則哲學家之幻想也；紙上談兵也。「機運」未到，便「躐等」而行之，那往往就變成「先知先覺」的烈士。我國近代史上的「烈士」何止萬千。台灣的雷震先生便是最近的一位。他的「智慧」和他應該有的「機運」，時間差距，不過二十年耳。

再從另一方向看：如有「機運」而無「智慧」；身在其位，而識見不能謀其政，則誤國誤民，問題就大了。今日大陸上，養尊處優於中南海深宮之內的「八老」，「可能」就屬於此類。筆者此處對「八老」的評價，只敢用「可能」（英文裡叫probable或possible）二字。將來歷史的演變，和史家對他們作正面的評價，也是有「可能」的。在下今日所以敢斗膽月旦之者，卻也是根據一項歷史上的「必然」——此一必然，則為六四「天安門事變」，在今後歷史書內的「必然平反」。六四在「必然平反」之後，則歷史家又怎樣去安揷「八老」呢？故筆者不待蓍龜而斗膽先說之。

以今鑑古，言歸正傳，我們再去看看洪楊之變：

我們讀史者，如把「太平天国」十四年中所已經發現的史料和史書，攤開來心平氣和的去審查審查，我們便覺得他們在「智慧」與「機運」兩方面都欠完善。「智慧」對他們所起的並且只是些負作用；而「機運」對他們也只有半個是正面的——洪楊那個時代，他們只具有個極大的「改朝」的機運，而無「換制」的機運。洪秀全搞了十四年，所靠的就是這半個「機運」。搞得好，他或者可以建立個短命的朝廷。但是他是不能解決中國近代史上「換制」問題的。「換制」的問題如果解決不了，那他的朝廷也就不可能太長久。後來的孫、袁、蔣、毛、鄧五公，對這個「換制」的問題都無法解決，況洪楊乎？此筆者所謂之「時代設限」也

【附註】李登輝總統可說是部分的解決了中國近代史上的「換制」問題。可賀也。但是這一換制「階段」之跨進，非李公個人之力也，「時代」與「機運」使然也。……千萬

不能棋錯一著，走火入魔！

但是話說回頭，洪、楊如眞是英雄，他們應能掌握那半個「改朝」的機會，學學闖王李自成，一鼓作氣把北京打下，登極太和殿，號令全國，過幾天幾月甚至幾年幾十年(如「毛主席」)的皇帝癮。並此而不能，終至屍塡溝壑，及身而敗，那就太窩囊了。

筆者於此短篇拙作中，無意效顰賈生，來寫篇〈過洪論〉，只想就其犖犖大者，略舉數端，以見太平興亡之由而已耳。

洪天王就是凱撒瓊斯

據筆者的一家之見，太平天国運動最大的致命傷，實在是他們一知半解，卻十分自信，而萬般狂熱的宗教。興也由他、敗也由他。

洪秀全本人實在不是一個如一般史家所稱頌的，什麼領導農民起義，反抗封建制度的革命領袖。相反的，他從頭到尾只是基督教中一個狂熱教派(a fanatical Christian sect)的「教父」(cult leader)。巧合的是：當他這個狂熱教門形成之時，卻正趕上發自廣西的清末改朝換代的機運。洪氏及其一些狂熱信徒乃被捲入了這個有時代性的政治漩渦裡去；從而被逼上梁山，化宗教信仰爲政治力量，一旦造起反來，也就一不做、二不休的變成「逐鹿中原」豪傑中之一股了。終至釀成死人數千萬的「太平天国」大悲劇。

「宗教」原是人類文明中最重要的環節之一。由於許多特殊原因，雖然它在我國歷史上，還沒闖過太多的禍亂，但是在所有其他民族的歷史裡，那些死人如麻的所謂「宗教戰爭」，已不知發生過幾百十次呢！大的史例如伊斯蘭教之興起、十字軍之東征、聖女貞德之奇蹟，固不必提。且舉一兩樁近在目前的小例子，來比較一下，便可概其餘。

近在一九七八年，美國三藩市有一名叫吉姆・瓊斯(Jim Jones, 1931~1978)的基督教牧師。他在不知不覺中忽然發生了神靈感應，使他變成了一位有奇異療效的醫生。他能爲病人醫治一些奇病雜症，包括肺癌。一時聲名大噪，信徒四集。群衆增多了，瓊斯竟自稱是「耶穌轉世」(Reincarnation of Jesus)；甚至說他自己便是「上帝」(God)；並自封爲「凱撒大帝」(Caesar)。號稱是苦難人民的救世主、社會主義之大護法。他並組織了一個人民公社，叫做「人民廟」(People's Temple)。廟內廢除私產。全體信徒同吃同住同勞動。瓊斯視其全體信徒爲上帝兒女；全體「兒女」亦齊呼瓊斯爲「爸爸」

(Dad)。大家毀家紓難、捐獻相從。三藩市附近一時被這群活上帝的信徒弄得河翻魚亂。居民與政府吃它不消，乃群起加以驅逐。瓊斯終於在美國無地存身，乃率其信徒流竄至中美洲之蓋亞那(Guyana)南部，人跡罕至之熱帶叢林中，自建其「瓊斯堂」(Jones-town)，劃地稱王，不受美國之法律約束。然瓊斯本人及其絕大多數之信徒究係美國公民。美政府不能任其胡來，不加聞問。美國三大電視台之一的「國家廣播公司」(NBC)亦想搶此奇特新聞，前去一探虛實。一九七八年十一月中旬，乃由國會議員里奧・阮(Leo J. Ryan)氏率隊乘小飛機，前往視察。孰知打草驚蛇，「人民廟」中的狂熱叛逆分子竟認爲阮氏一行四人爲政府特務，乃一舉將其槍殺。

人民廟徒既闖下大禍，瓊斯深知政府圍剿之不可免。同時他也認爲他和他的全體信徒的大限已至，乃決定集體殉道——全廟成員自「爸爸」而下凡九百一十一人（亦說九一三人），竟於十一月十八日一夕之間，全體服毒自殺。一時消息傳來，舉世震驚。電視上男女老幼，屍體橫陳——有舉家相擁而亡者；有少婦懷抱嬰兒而死者……情況之慘絕人寰，眞令人不忍卒睹。

筆者親眼目擊之餘，關掉電視，太息唏噓，不禁試問：胡爲乎而然歟？

親愛的讀者，這就是「宗教」嘛！我民族何幸，有了個「不語怪力亂神」的文化傳統。因此這一種在世界各地，史不絕書的「宗教狂」，在我國歷史上卻並不多見。偶亦有之，它也不能爲我們知識分子（包括古今的歷史家）所能瞭解、所能接受。而有些野心家、宗教家、革命家要想利用宗教力量來登大寶、奪政權，在中國歷史上也從來沒有成功過。

因此我國傳統歷史家，對這一類史籍秉筆直書之時，不是咒罵他們「妖言惑衆」（如赤眉、黃巾和白蓮教、天地會）；就歌頌他們只是單純的「農民大起義」、「土地革命」、「反帝反封」（如今日大陸上對「太平天国」的研究）。搞宗教只是「僞裝」或「假托」而已。

我國傳統和現代兩派執筆人都把這極其重要的「宗教狂」的一面，給完全忽略了，因爲這宗史實在其他民族史中（包括奉行猶太教、耶穌教、印度教和伊斯蘭教各民族的全部），雖然司空見慣，而在我們中華民族史中卻發生得太少了——我國史家沒有對這項史實執筆的經驗，所以一碰到宗教難題，往往就王顧左右而言他了。

不幸的是，我們「洪天王」所搞的卻正是「瓊斯凱撒」那一套宗教狂。高唱「蒼天已死、黃天當立」，洪秀全也是我國史上最成功的一位了。

再舉個小例子：在目前美國還合法存在，並且活動頻繁而怨恨蝟集的另一個狂熱的基督教支派，「統一教會」(Unification Church)的教主文鮮明牧師(Rev. Sun Myung Moon)，不也是說他見過摩西、耶穌、釋迦牟尼，和穆罕默德，並且分別和他們談過話嗎？

您說他在胡扯？而文牧師這位韓國佬卻能指定數以萬計的美國男女青年，在紐約市的「麥迪遜廣場花園」(Madison Square Garden)，集體「盲婚」。他後來又去南韓的漢城搞集體盲婚，規模更大。這是二十世紀七、八〇年代的美國和南韓啊！這個時代的青年人，可以說是人類萬年歷史上，最桀驁不馴，最不聽父母之命、媒妁之言的一代啊！文牧師有啥魔術，能把他（她）們數萬人，指定盲婚？據最近消息，文鮮明已打入蘇聯，看樣子他又要在莫斯科來搞其盲婚了。

這就是「宗教」啊！毛澤東、希特勒、史達林也鬥它不過的「宗教」啊！

明乎此，我們對一百多年以前，洪秀全、楊秀清，這兩位「禾乃師」所搞的那一套，就可思過半矣。

文才不足，宗教層次也不高

洪秀全天王是有他一套的。但其人畢竟只是個專制時代「三家村」的土塾師，沒學問，更沒有文采，所以他在廣州屢試不第，考不了秀才。

廣州一向是我國華南人文薈萃之區，在那兒考個秀才舉人，是極度困難的。那位才氣縱橫的文士，後來做了漢奸的汪精衛，便是當年廣州科考、院考出身的秀才。我們要讀讀那些膾炙人口「引刀成一快，不負少年頭」等等〈雙照樓〉的詩詞，再去看看洪秀全的什麼「手持三尺定山河，四海爲家共飲和」（〈劍詩〉）；什麼「龍潛海角恐驚天，暫且偷閒躍在淵」（〈龍潛〉）等等鄙俗的詩句，就可以知道洪秀全爲什麼可以做「天王」而不能做「秀才」了。

毛澤東也是一位土塾師，他那幾首舊詩詞，什麼「虎踞龍盤今勝昔，天翻地覆慨而慷」，也就不夠通順了，而洪塾師還遠不如他。洪秀全的文才大致是在毛澤東夫婦之間。毛江夫人有詩曰：「江上有青峰，藏在雲霧中，平時看不見，偶爾露崢嶸。」這和洪天王的「暫且偷閒躍在淵」，眞可說是無獨有偶了。

洪秀全雖沒文才，他顯然具有極深厚的「宗教感」；甚或具有如今日甚囂塵上的所謂「特異功能」。因此當他二十五歲那一年，一八三七年（清道光十七年・丁酉），他在廣州應試再度落第之後，受了過度的刺激，他那隱伏的宗教感和潛存的特異功能便被激發了。

我國帝制時代的貧家子弟想僥倖科名，原是一個全家乃至闔族的投資事業。往往闔家把微薄的資產和集體的希望都投在一個聰明男孩的身上。一旦他榜上有名，連科及第，則闔家也就雞犬升天。可是相反的，如在科場上一再失意，名落孫山，則其打擊之沉重，也是出人想像的。因此秀全在兩度落第之後，回到花縣家中，其求生不得、求死不能的心情，是完全可以理解的。他一病四十餘日，在昏迷中便發生了神靈感應(vision)。——他拜見那黑袍、金鬚、莊嚴肅穆的「上帝」。上帝說秀全是祂的「次子」；並把他介紹給其「胞兄」耶穌；並囑咐秀全仗劍「下凡除妖」。

洪秀全這種病中經驗，在我們不語怪力亂神的傳統士大夫筆下，簡直是胡言亂語、荒謬絕倫。同樣的，在現代派的革命史家書裡，也認爲是不可相信的。在他們看來秀全只是「假托」迷信，來爭取工農群衆，參加革命罷了。其實這殊途同歸的新舊兩派史家對洪秀全的解釋，都是因爲浸染於一個無神的文化傳統，而無治宗教史和神學之經驗的結果——把一個有神的宗教史，當成無神的思想史處理了。

其實秀全這項vision，在任何有宗教傳統的社會裡，都是司空見慣的。治宗教史或神學的作家，並把這靈異分成數種。一般於昏迷中受神靈之「詔」，清醒後記憶猶新，能遵「詔」辦事或傳言者，往往都被列入「先知」(prophet)的一類。至於一些於昏迷狀態中，能爲神鬼傳語（多用韻文、詩歌），而醒後自己本人卻一無所知者，西人叫做「巫師」(shaman)。其實「先知」與「巫師」之別，只是替鬼神傳語的方式之不同罷了。當然先知與巫師亦各有眞假之別。貨眞價實的亦確有其「靈異」(miracle)之處；假的則是一些「魔術師」(magician)了。

根據上項分類，洪秀全（如所言屬實）則應屬於「先知」之列。先知之鉅子如摩西、耶穌、穆罕默德皆是也。穆罕默德原是個文盲。據說他那部《可蘭經》，便是「上帝」(Allah)的聖意，通過穆氏口述，由穆罕默德那位頗有文化，比丈夫大出十來歲的富孀夫人，一口氣筆錄下來的——信不信由你。

至於摩西的「十誡」和耶穌的《聖經》(The Holy Scriptures)當然更是直接出自

上帝之口了。上述三位都是西方宗教史和神學上替上帝傳言的超級「彌賽亞」(Messiah)。等而下之，則有各教的「聖徒」(saints)和有走火入魔之嫌的「教主」(cult leaders)了。我們這位自稱是「上帝之子」、「耶穌之弟」，啣命下凡、救世除妖的「彌賽亞」、「天王洪秀全」，和最近的「自稱上帝」、「耶穌化身」，下凡打倒資本主義，實行社會主義的「彌賽亞」、「凱撒瓊斯」，實在是屬於同一類型的「教主」。他二人在宗教史中，都屬於走火入魔的那個低等級。

楊秀清和蕭朝貴二人，可能是屬於後一型態的shaman（巫師、乩童）。他二人都在「昏迷狀態」(ecstatic trance)中，失去本性(ego)。楊則有「天父（上帝）附體」，蕭則由「天兄（耶穌）附體」，各自替上帝和耶穌「下凡」傳語，發號施令。如此一來，他二人托天父、天兄傳旨，則位居父兄之下第三把交椅的「天王」，也得俯首聽詔了。

楊和蕭原都是洪秀全的弟子，在那種宗教狂熱的氣氛下，可能都變成了「乩童」。此事都發生在一八四八年春天和秋季，也就是都在他們聯合造反之前。洪秀全既然相信他自己的「靈異」，他對楊、蕭二位「神靈附體」，也可能是眞心的相信；而「神靈附體」這一套，在中國農村原極盛行，其情況之神祕，往往使人不得不信。楊蕭兩位的神蹟，可能在早期也不是魔術表演。可是在他們打到南京之後，「天父」還要藉秀清之口，向天王為東王「逼封萬歲」，並藉辭笞撻天王，打天王屁股，那一大段故事是否是「假托」，那就是另一問題了。

「邪術惑眾」和「聚眾滋事」

洪秀全之具有若干「特異功能」，似乎也是事實。他和能治怪病的瓊斯牧師，甚或《新約聖經》裡的耶穌醫師，都確有其相似之處。據太平天国方面的資料，則秀全確實有「能令啞者開口，瘋癱怪疾，信而即愈」的本領（見《洪仁玕自述》）。清方的資料也有記載說「韋（昌輝）妻病危，醫藥罔效，洪逆治之立愈」的故事（見半窩居士著《粵寇起事紀實》）。

洪氏這些法術，證之以今日風行海峽兩岸的「氣功師」、「針灸師」，以及一度風行美國的印度「瑜伽師」的治病表演，可能都是事實。前些年有位瑜伽師在紐約表演喝硝鏹水、嚼玻璃瓶等絕招時，觀眾之中竟有諾貝爾物理獎金得主承認他是「對科學的公開挑戰」(an open challenge to science)。二十世紀第一流的世界科學家尚且如此，何況十九世紀僻居鄉曲的大清帝國農村中之貧下中農乎。

既有此絕技隨身，因此秀全於三十一歲（一八四三）於廣州三度落第之後，就捨棄功名而專心的去搞其宗教了。果然科場失意，卻在教場得意。他和馮雲山在廣西桂平紫荊山組織「拜上帝會」之後，不朞年便從者如雲，遠近來歸了。

本來在農村中搞群衆組織，在中國任何朝代裡（包括國、共兩黨）都是官家所不許的。君不見今日朝中鄧小平等八老都在靠氣功師保健、保命;，但是他們對風起雲湧的民間氣功組織，馬上就要下禁令了。「氣功」何傷哉？「聚衆」犯法也。因爲在中國從「家天下」到「黨天下」的傳統裡，「聚衆」必然要「滋事」。滋事之小者，則不免集體械鬥、打家劫舍、劏富濟貧、吃大戶、搶倉庫、殺官紳、鬧學潮……乃至有寃報寃、有仇報仇。官家爲防患於未然，也就對聚衆滋事，嚴申禁令。文禁不了，便用武力鎭壓。有機槍、有坦克，殺他一條血路，則滋事者便鳥獸散，俟機再聚。沒機槍、沒坦克，又招安無方，那就揭竿而起，殺官吏、佔城池，稱王稱霸了。

洪秀全的「老三篇」

再者洪秀全在丁酉年（一八三七）「升天」時所看到的那一位穿黑色長袍、留齊胸金鬚的大王爺，和祂的兒子，可能是我國小說《烏盆記》裡的包公，或《三國演義》裡的關雲長和他的兒子關平或關興，亦未可知——洪落第秀才，當時也不知道祂是老幾。等到他再度翻閱六年前所收藏的梁發著《勸世良言》時，才豁然大悟，原來這位大神便是梁發書裡的「上帝」；那位大神的兒子原來就是耶穌。可憐我們這位洪塾師那時還未讀過《聖經》，不知道上帝是「無形無體」，也不知道耶穌是上帝的「獨子」。可是洪氏顯然有充分的自信，他上過「天堂」、見過「上帝」，上帝並且介紹他見過祂的「長子」耶穌。因此洪氏讀過《新舊遺詔書》（新舊約）之後，認為《聖經》記載有誤，乃以上帝次子的身分，把《聖經》竄改了七十餘條。當歐美在華傳教士，聞風大譁之時，洪二太子還下詔親征，和他們舌戰筆戰一通。他認爲這群毛子只知其一、不知其二……汝等均未上過天堂，焉知天堂內之事乎？眞應閉起鳥嘴……此是後話，下篇再詳敍之。

總之，洪氏在「升天」悟道之後，就變成一位虔誠而狂熱的基督徒，迨無疑問。等到他與好友，也是他第一位信徒馮雲山，組織了「拜上帝會」之後，乃決心做個終身的職業傳教士，應該也是順理成章的。

不過洪、馮二人傳教之初，他們在廣西所傳的大致也只是個很原始的「一神教」(monotheism)——只拜「唯一眞神」，不拜「邪神」。可是當洪氏於一八四四年底東歸花縣繼續其塾師生涯時，他的宗教思想和理論乃日趨精密。據說在其後兩年（一八四五～一八四六），他居然寫了「五十餘帙」的勸世詩歌。其三篇精品，我們也或可稱之爲「洪秀全的老三篇」吧！它們是：

《原道救世歌》

《原道醒世訓》

《原道覺世訓》

雖然寫了這許多，秀全顯然的還認爲他悟道不深。因此他於一八四七年再去廣州，向美國浸信會傳教士羅孝全(Issachar J. Roberts)處又學習了三個月。不幸的是羅氏是位頭腦僵硬的莽夫，他所僱用的華裔教徒對洪又大爲嫉視，致使秀全未能如願「受洗」

便重返廣西，以他的原道老三篇去繼續傳教。

筆者細讀秀全此時的宗教作品，尤其是上列的老三篇，頗覺其不可小覷。相反的，我倒覺得它們是「中國宗教史」上一個大大的里程碑。——三篇振聾發聵之作。

理由是這樣的：

我們這宗已有三千餘年歷史的「中華民族文化」，自孔子「不語怪力亂神」和「敬鬼神而遠之」的倡導之後，我們是個號稱無宗教的民族。其實不然，我們自「殷人好鬼」，到秦皇漢武好「方士」，到後來在社會上搞求神拜佛的和尚道士，我們世俗的宗教信仰卻沉入一個很低級的「泛神論」(pantheism)，也可說是低級的迷信，卻實際主宰了我們的社會生活，尤其是中下級的社會生活。(超然物外的佛學，自當別論。但「佛學」與我們的社會生活實在沒有太大的關係。)

沒有一個高級的一神論的宗教作主宰，我們的社會裡因而也就遍地鬼神了。儒家的士大夫「敬鬼神而遠之」，可是鬼神既不放過他們，他們也「遠」不了鬼神。原本是個「無神」的佛教，在社會作用上，也被拖下水，和道教一樣，弄得遍地皆鬼，分身不得。

可是現在好了，世界萬物唯一主宰的「天父上主皇上帝」，忽然派了祂的「次子」，下凡作個東方的彌賽亞。他要禁絕一切「邪神」，獨崇「上帝」——把中華民族自一個泛神論的迷信火坑裡，「救」了出來。這就是洪秀全的老三篇的精義所在了。

在洪天王治下，全國老百姓只許拜一個「眞神」上帝，其他的什麼太上老君、元始天尊、釋迦牟尼、驪山老母、城隍土地、岳王關王、灶神門神、龍王閻羅、牛頭馬面、送子觀音、財神菩薩、狐仙水鬼、山精河伯……乃至一般看相算命、堪輿風水、陰陽五行、三教九流……總之，「上帝」之外，一切牛鬼蛇神，均在禁絕之列！

洪氏這個「老三篇」雖未跳出摩西「十誡」（見《舊約・出埃及記》）的範疇，但是它是「十誡」的「中國化」。他這個「天條」之中有其宗教的「原始性」；它所具有的豐富的「宗教感」，也是擲地有聲的。

我國傳統的儒宗史家（如最近去世的錢穆教授），對它嗤之以鼻（見錢著《國史大綱》第六三四頁），和左翼的革命史家，認爲它是「假托宗教」以鼓動群衆，都是只知其一不知其二的偏見。——洪氏的「老三篇」，事實上是中國宗教史中，從泛神到一神的里程碑。是一種宗教改革的革命宣言；也是一種道德規範，它把煙酒嫖賭，也都一體禁絕。

治「穆斯林神學」(Muslim theology)的可蘭經學家們，認爲先知穆罕默德之下凡，是上帝派他把阿拉伯民族由「泛神」轉向「唯一眞神」的救世主——亦如摩西之感化猶太；耶穌之感化歐洲白人也。循理類推，則洪秀全便是黃種人的穆罕默德了。不幸的是洪秀全所遇的「曾妖」，卻遠比穆氏當年在麥加所遇的異端，要強大得多，所以太平「天国」，就沒有鄂圖曼「帝國」那麼幸運了。

「有割與無割，誰非上帝生」

有些太平史家認爲秀全在一八四七年向美國傳教士羅孝全學道之前，未讀過「新舊約」。此點筆者亦難苟同。不用說上述老三篇（秀全一八四五、六年的作品），非有新舊約根底不能寫出，猶憶筆者於五〇年代之初，參與哥倫比亞大學所編之「中國文化史精義」計畫翻譯太平天国史料。在太平〈幼學詩〉中便碰到「有割與無割，誰非上帝生」的詩句，不知何解。再查另版〈幼學詩〉（載《太平天国詩文鈔》，該書有〈蔣中正序〉），則改爲「有知與無知」。我當時翻譯，本可捨難就易，但自覺「割」字是原文，「知」字是擅改。幾經周折，才把「割」字譯成「circumcise」。circumcise者，割男性生殖器之包皮也。

蓋在古猶太民族之社會習俗上，男性在「幼兒期」或「婚前」，割除生殖器官尖端之包皮，實在是一樁極其隆重的宗教大典。因此在「猶太教」(Judaism)裡，「有割」與「無割」，蓋爲兩種不同之人類；未經「摩西十五律」所規定之「圈割大典」(Circumcision)之男性，殊難成爲「上帝之選民」也。

〈幼學詩〉是太平天国早期的文獻。詩中呈現著濃厚的儒家道德觀。如所詠「妻道」一節說：「妻道在三從、無違爾夫主，牝雞若司晨、自求家道苦。」它所強調的還是儒家的「三從四德」和大男人主義。但是它在基督教的教義中，卻已相當深入了——基督教義對「無割之民」，並不歧視。所以秀全在晤羅孝全之前，便早已學到了西方宗教中很多古怪的教義了。

「太平天国」是宗教名詞

所以筆者不揣淺薄，認爲太平諸領導，尤其是洪秀全，基本上是個發宗教狂的狂熱教主，和吉姆・瓊斯是同一類的人物。瓊斯所追求的也是一個「天國」。——一個不受世俗權威干擾的，任由他和信徒們去過那自由自在的共產主義的宗教生活——「瓊斯堂」的生活。

洪秀全、馮雲山早期所追求的顯然也只是個「瓊斯堂」或「秀全堂」。所以他二人一到紫荊山便寫了「奏章」，祈求「天父上主皇上帝，選擇險固所在棲身焉」（見《太平天日》）。他們並沒有與滿洲皇帝爭天下的大志。

後來楊秀清等一夥加入拜上帝會，想建立一個「小天堂」，可能還是這個意思。不過古語云：「上有天堂，下有蘇杭。」提到在人間建一個「最小最卑盡綢緞、男著龍袍女插花」的「小天堂」，他們可能就開始羨慕蘇杭寧這個金三角了。——「小天堂」究非「大帝國」。他們所想像的只是一個「瓊斯堂」式的，太平的「天國」罷了。

所以「太平天国」這國號，原來實在只是夢想中的「小天堂」，一個宗教名詞而已。這一名詞可能在天王登極之前早就出現了。

金田「團營」是什麼回事？

且看我國近代史書上赫赫有名的「金田起義」。據忠王李秀成就義前的親筆「供狀」：太平軍舉事之初，洪秀全之外，只有楊秀清、蕭朝貴、馮雲山、韋昌輝、石達開、秦日昌等「六人」深知「天王欲立江山之事」。其他幹部與一般會衆均絲毫不知也。

既然數千會衆奉教主之命齊集金田村來「團營」，而又不知團營的目的何在，則團營在會衆心目中，實在只是一種宗教活動罷了。其實李秀成的話是事後說的。在「金田團營」的當時，縱使他們七位開國元勳，也未必就有此乘勢造反打天下的大志。團營原是一種宗教活動，團營以後的發展是順水推舟一步步逼上梁山的。

但是團營以後，又怎樣的一步步造起反來呢？

原來廣西省在上個世紀，四〇年代的末季，貧農、教門（如「天地會」、「三合會」）械鬥成習，聚衆滋事，早已弄得全省騷然。清代廣西省的政治區劃原分「十一府」及若干「州」、「廳」。在洪楊金田起義之前，據清方官書報導這種打家劫舍、殺官紳、佔城池的暴亂已遍及「五府一州」甚或「七府一州」（見《欽定剿平粵匪方略》）。

地方官吏如巡撫鄭祖琛等無力應付，只得隱瞞「賊情」，設法招撫。孰知愈招愈熾——這時武裝暴動的群衆，也早已目無官府。

清廷得報，不得已乃起用幹吏林則徐，並自各省調兵。筆者的母省安徽也被調去了一千名。精兵四集，官方乃決心用武力鎮壓。林則徐不幸道死之後，清廷乃另檢大員接替，始有李星沅，繼有賽尚阿，以「欽差大臣」頭銜赴桂。其後並提升布政使勞崇光，以替鄭祖琛爲廣西巡撫，協同提督向榮，認眞督勦。他們最初的目標原是「三合會」、「天地會」一類更嚴重的「教匪」，尤其是已經佔領縣城的天地會首領陳亞潰（貴）、楊撈家、徐亞明諸大股。據王定安著《湘軍記》所載：「時粵匪二十餘股，多爲勞崇光所殄，惟秀全等獨存」云云，也確是當時的實際情況——當時的官方，原沒有把「洪秀全」這位落第秀才的「聚衆滋事」，看得太嚴重。可是等到其他各股一一散滅，四方「零星散匪」無枝可棲，乃紛紛投向洪氏。其著者如平南一帶的天地會領袖羅人綱之投洪，即其一例。各方豪傑來歸，秀全坐大，官軍對洪乃開始彈壓，孰知在金田、江口一帶數度接戰，官軍一再挫敗之後，才知道他們有眼不識泰山——秀全這一股之凶狠，實遠非陳亞貴等所能望其項背。官軍之畏葸無用，和會黨臨陣之英勇，也大大地鼓勵了秀全的黨羽，他們益發不把官軍看在眼內，而企圖大舉了。

〔附註〕陳亞潰的原名是「亞貴」，官書故意寫成「亞潰」。正如孫中山原名孫文，清廷官書多寫成「孫汶」，以示貶斥。

因此所謂「金田起義」者，事實上只是客觀形勢，積漸而成。一方面是大群貧苦人民在搞一種狂熱的宗教活動。人多勢大了，難免就有些劫富濟貧、吃大戶、抗官軍的激烈行爲。另一面則是一個腐化專制的政府。它認爲這群人民，誤信邪教，聚衆滋事，目無官府，需調軍警彈壓。雙方衝突已久。只是在一八五〇年（道光三十年）十二月初在一次重大的反彈壓行動中打死了清軍副將伊克坦布，並傷斃官軍三百人。這一下革命群衆信心大增，乃藉教主三十八歲生辰（道光三十年十二月初十・西元一八五一年一月十一日），來個「恭祝萬壽起義」（洪仁玕語），慶祝一番。——所謂「萬壽起義」，事實上也是事後追封的。

作爲教主的洪秀全也就乘興寫了「五條紀律」，什麼遵條令、別男女、秋毫莫犯、公心和儺（粵語和睦）、同心合力，作爲對官軍再度接戰的準備，如此而已。

洪秀全是位多產作家，也是位歡喜寫「詔諭」的教主。但在這段所謂「金田起義」時期，卻沒有留下任何像〈北伐誓師辭〉或〈討武曌檄〉、〈討粵匪檄〉一類的文字。所以所謂「金田起義」這個榮銜實在是洪楊諸人在打下半壁江山之後才回頭追封的。其情況蓋如今日中共之「八一建軍節」。——一九二七年八月一日賀龍葉挺在南昌「暴動」，叛離國民黨的國民革命軍。誰又想到二十餘年之後，竟被封爲人民解放軍的建軍節呢？

「金田起義」既沒個確切地點，而且沒個確切日期，也沒一張正式文告。因此它不像是個有計畫的革命發難的行動。洪仁玕事後追述說：「本不欲反，無奈官兵侵害，不得已而相抗也。」我想這句話，大致是可信的。

總之，金田團營，乃至後來的男女分行、財產歸公的「聖庫」制，都與在近年美洲發生吉姆・瓊斯型的宗教狂，有其極其類似之處。只是客觀環境不同，使他們各走各路罷了。

「永安封王」也是宗教性的

一八五一年春，洪楊在金田起義之後，和清室官軍在桂平、武宣、象縣一帶，糾纏了幾個月。這一時期官軍的表現實在太窩囊，而此時又民心思亂，太平軍的裹脅則愈來愈大，越戰越勇。宗教熱愈沸騰，「越寒天、越退衣」，簡直到了瘋狂境界。三月二十三日（陰曆二月二十一日），洪秀全竟在武宣縣東鄉鎮，與天兄耶穌同時「登極」，自封爲「天王」，自稱爲「朕」，群下對天王則稱「主」。

同年九月二十五日，天王乃率衆竄佔永安州城（蒙山縣治），一佔數月。永安之失，足使北京朝廷震動。朝廷在痛懲疆吏失職之餘，更增調大軍圍剿。

洪楊既佔永安，也自知「騎虎難下」（楊秀清語）。一不做二不休，乃逐漸化宗教爲政治，改組軍隊，重編會衆，以應付此一不能自了之局，遂有「永安封王」之舉。

太平軍於一八五一年九月（本文均用陽曆）竄入永安至翌年四月突圍，在永安共駐了八個月。這八個月中最大舉動便是一八五一年十二月十七日的分封諸王了。史學界朋友們總把這「永安封王」視爲洪楊軍政組織的起步，筆者卻不以爲然。「永安封王」還是一群狂熱教門的宗教行爲。且看洪秀全的〈封五王詔〉。他說天父上主皇上帝權威大於一切，「無所不知，無所不能，無所不在」。一切但聽命上帝可也（這是洪氏自稱）。分封五王者實只是「姑從凡間歪例」才勉行之也。原文是：

> 今特褒封左輔正軍師（楊秀清）爲東王，管治東方各國；褒封右弼又正軍師（蕭朝貴）爲西王，管治西方各國；褒封前導副軍師（馮雲山）爲南王，管治南方各國；褒封後護又副軍師（韋昌輝）爲北王，管治北方各國；又褒封達胞（石達開）爲翼王，羽翼天朝。以上所封各王，俱受東王節制。另詔（天王）後宮稱娘娘；（諸王）貴妃稱王娘。

其實太平軍竄入永安州時，男女老幼不過兩三千人（筆者另有考據），史傳三四萬人皆非也。在兩三千的烏合之衆中，封出五位二十來歲的王爺（達胞那時可能還不足二十），來管治四方「各國」，豈非形同兒戲！但是我輩生長於傳統中國農村之中，看慣佛道二教的什麼「設壇」、什麼「打醮」等等，就知道沒啥奇怪之可言。且看那些奇裝異服的道士和尚，扛著招展的旌旗，什麼「十方大菩薩」、「十殿閻王」等等，就知道這些狂熱的「拜上帝」教徒，所搞的也正是這一套。

不幸的是上個世紀的五〇年代，滿清的氣數將盡，全國，尤其是廣西；在廣西，尤其是久經「土、客」械鬥磨練的「客家」農民，正蠢蠢欲動。經過洪楊這一有組織的狂熱的宗教活動，聚衆滋事、弄假成眞，就造起反來了。

只追不堵和「拖死官軍」

太平軍盤據永安八個月之後，廣西官軍約一萬四千人在北京三令五申之下，乃把叛軍團團圍住。面對「數倍之敵」，洪楊之衆便不得不突圍以自保了。據參加此次突圍的老長毛事後回憶，他們二三千人，置婦孺於全軍中段（客家婦女皆天足），青壯前後簇擁，一舉衝出重圍。既出重圍，他們前逃，清軍尾追，其情勢就變成我國歷史上所屢見不鮮的「流寇」了。

傳統流寇的作戰方式，多爲裹脅農民，鑽隙流竄，飄忽如疾風暴雨；其鋒不可當。攖其鋒者，無不粉身碎骨。因此官軍追剿亦有一套不成文法。他們照例是以鄰爲壑，只追不堵。堵則自取滅亡，有百害無一利；追則可以趁火打劫，隨地報功請賞，有百利無一弊。正面官軍如躲避不了，也只死守城池和險要，或旁敲側擊，絕不正面堵截。在這一公式之下，則流寇一起，便滾起雪球，如入無人之境。尾追官軍也就養寇自重，呼嘯相從，絕不放鬆。好在中國太大，大家都可無限制的玩其走馬燈。所以黃巢、張獻忠等起義時，都有「拖死官軍」之名言；官軍亦樂得被拖死而不疲也。提督向榮的不斷升遷就是個好例子。

三〇年代中期「朱毛赤匪」自江西瑞金突圍「長征」時，追逃雙方所運用的，還是這一傳統公式。追的「中央軍」和逃的「紅軍」，相距往往只是「一日之程」。在紅軍過境之處，指揮官軍堵剿的地方將領如湖南何鍵、廣東陳濟棠、廣西李白、雲南龍雲、四川劉湘、西北諸馬……都只守不堵，「赤匪」過境而去，便皆大歡喜。

倒楣的是我們那位不失赤子之心的少帥張學良。他少不更事，奉命堵剿，便眞的去直攖其鋒，既堵且剿。因而犯了兵家大忌，弄得丟盔卸甲，「得不到補充」而牢騷滿腹。少帥那時如已開始研究《明史》，讀一篇〈張獻忠傳〉，就不會吃那個大虧了。

我們歷史公式裡的「洪楊髮賊」，永安突圍之後，無人敢堵。他們乃沿途裹脅（李秀成便是被裹脅者之一），直迫省會桂林。圍城一月不克，乃竄入全州，長驅入湘。湘人本好武，見新朝崛起，貧農礦工船伕會黨赴義如雲，一時聲威大振。

太平軍八月克郴州，九月迫長沙。圍城八十餘日不克，乃捨長沙、渡洞庭北上。十二月克漢陽；翌年（一八五三）一月乃攻克武昌。二月捨武昌、擄民船、挾衆七萬五千人（號稱五十萬），順流而下，克九江、安慶、蕪湖，然均不守；三月十九日乃破城攻入南京。自此太平軍佔領南京，改名天京凡十一年零三個月，乃形成太平天国在長江下游的割據之局。更在下游的鎮江、揚州則變成時得時失的外圍據點。

「小天堂」中不能自拔

洪楊自「永安突圍」至「奠都天京」為時尚不足一年；其行動之快、發展之速，不在七十年後國民黨「北伐」之下。然國民黨之北伐是先有「革命根據地」的兩廣，然後才「誓師北伐」的有計畫的政治擴張。洪楊北竄則是佔一城丟一城的流寇行為。所以國民黨於一九二七年奠都南京時已佔有半壁河山；而洪楊奠都南京時，只有南京、鎮江、揚州孤城三座而已。

洪楊如眞是英雄人物，則應並此三城而捨之，傾巢北上。以他們那時的氣勢，要一鼓作氣打下北京是絕無問題的。因爲此時北京已風聲鶴唳，貴族重臣家族逃亡一空。咸豐皇帝亦已準備遷都熱河，而太平義師，朝氣正盛，弱點未露。全國人民與各路英雄均仰望旌麾以解倒懸，神州正可傳檄而定。誰知洪秀全基本上只是個「瓊斯型」的教主，只管「天情」，不諳「世事」，而太平軍實際總指揮楊秀清，則是一隻狗熊。富貴對他來得太快了。四年前還只是一個赤貧的燒炭工，如今叱咤風雲，錦衣玉食，做了「東王九千歲」，一頭栽入「六朝金粉」裡去，他就不能自拔了。

對這群來自落後地區的貧下中農來說，那個三月江南、六朝金粉的「小天堂」，眞是「得此已足」，再也不想離開了。想想那「燕都」是「沙漠之地」；「直隸」是「罪隸之省」（這都是天王詔書上的話），北上爭雄的勁頭也就完全消失了。

太平流寇既然不想傾巢而出，尾追而來的欽差大臣向榮的官軍，也就於南京東郊的孝陵衛，自建其「江南大營」；另一欽差琦善，也於揚州郊外建其「江北大營」。兩兩對峙，彼此慢慢扯皮，就勝負難分了。

＊一九九〇年十一月二十五日脫稿於紐約

原載於台北《傳記文學》第五十七卷第六期

三、預言書中的蔣毛與洪楊

最近從香港傳來的大陸故事說，新任國家元首江澤民對中國古老的預言書《推背圖》，發生了興趣。此一傳聞可能是好事者所揑造。但是縱使實有其事，也不值得大驚小怪。試問秦皇、漢武、唐宗、宋祖乃至我們的蔣總統、毛主席——我國歷來的統治者有哪個不相信讖緯之學和子平之術？基督教徒的孫中山先生也曾說過他「與佛有緣」。孫公說這句話的背景也曾有一大堆類似「啓示」(vision)的故事呢！連絕對相信「神滅論」的胡適，不也說過「麻將裡頭有鬼」？僅供四人合玩的麻將裡頭都有鬼；那麼共有十萬萬人合玩的大麻將裡頭，怎能沒有鬼?!我們的歷朝統治者，包括最近的江主席，想在這場大麻將裡，找點鬼言鬼語，有什麼稀罕呢?!朋友，江公今日雖然位尊九五，貴不可言，他這個交大畢業的工程師之爲「人」，事實上與足下和我，也差不了太多。興致好的時候，談談《推背圖》，聊聊《燒餅歌》，算不得什麼「提倡迷信」也。——茶餘酒後，我們談得，他談不得?只是我們談後直如清風過耳;江公談後，就要變成「小道消息」罷了。

其實「迷信」這種東西，原是社會裡一個少不掉的「體制」(institution)。——夢露姑娘的棒球明星丈夫迪瑪吉說，他和夢露結婚，不是跟一個女人結婚而是和一個「體制」結婚，正是此意;而「迷信」這個「體制」在中國政治上所發生的影響，可不在「女人」(美女)這個「體制」所發生的影響之下啊!清末的太平天王、慈禧太后，和民初的洪憲皇帝，都是它最大的受害者。——他們受害了，我們老百姓才跟著倒楣。

「九十九先生」的謎底

可是「預言書」這宗迷信是在世界任何文化中都存在的。每每都有奇驗。古朝鮮即有一宗預言說:釜山這個東海小漁村，在某個時代要爲該國首都。近百年來哪個韓民相信呢？誰知一九五〇年韓戰爆發，李承晚大統領敗退南下，據釜山爲反攻基地。它一夕之間就變成國都了。

我國的預言書《燒餅歌》，就更古怪了。這個《燒餅歌》自明代唱到淸末，一般都覺得它很靈驗。可是我們民國時代的新青年，卻有理由的斥之爲「事後僞作」。然事有蹊蹺，它在我們及身經歷的民國時代，卻也唱出些什麼「手執鋼刀九十九，殺盡胡兒方罷休」來。

試問「九十九」這位老兄是誰呢？在抗戰中重印於重慶的《燒餅歌》，即有註者解釋爲「一位姓白的」。蓋九十九便是一百少一也。這册「重慶版」是筆者親自看過的。這一「破解」當時對那位名重國際的桂系大將，小諸葛白崇禧將軍，乃至他整個桂系的政治前途，是禍是福，眞很難說。

不過在一九四九年以後，中國歷史已證明白崇禧、李宗仁都無此福分，至多作個配角。當時亦有人解之爲蔣「中正」、「介石」先生。因爲蔣公這兩個名字也各有九筆。合起來也正是「九九」先生也。這可算是「驗」了。可是後來歷史證明，仍然只是「一部分正確」(partly correct)，還有人比他老人家更爲正確呢！——原來「九十九先生」也叫「二十八劃生」。二十八者九加十加九（9＋10＋9＝28）等於二十八之謂也。

「二十八劃生」原是毛澤東當學生時在長沙辦《湘江評論》的筆名；也是他向《新青年》投稿時的筆名。因爲「毛澤東」三個繁體字加起來，共有二十八劃，故名。

這一來，「九十九先生」由蔣、毛兩位民族英雄平分之，也倒是很公平的。可是他二人今日如相逢地下，再攜手來搞個「國共第三次合作」，毛如要多佔點便宜，蔣恐怕也無法拒絕。因爲毛公還多兩三個「九十九」爲蔣公所無。

原來在一九四九年秋季，中共在北京升旗建國時，據說毛公的風水先生勸他選一個「大日子」遷入中南海。毛就選了個九月九日。這個「據說」可能是損毛的人附會的。毛或無此意。但是縱使是附會，或風水先生拍馬屁，可是毛公最後去見馬克思的日子，別人就不能拍馬屁；他自己也無法選擇的了。——毛公死於一九七六年九月九日，也算是個巧合吧！

再者，毛氏於一九四九年十月一日在北京登基，至一九七六年在中南海後宮龍馭上賓，他老人家在中國也整整的做了二十八年的皇帝，也算是個巧合吧！

最不可思議的則是《推背圖》在這方面也把毛公描畫得鬚眉畢露。在《推背圖》第四十一象的「頌」中，預言者寫了下面的四句：

帽兒須戴血無頭，
手弄乾坤何日休？
九十九年成大錯，
稱王只合在秦州。

在這四句中，除第一句仍然不可解之外（或者也可解之爲「帽子亂戴，血債無頭」吧），其他三句不是把毛氏對中國大陸二十八年的統治，說得入木三分？吾人如試把隱語除去、眞言恢復，把這四句改寫成：

帽兒亂戴血（債）無頭，
手弄乾坤何日休？
二十八年成大錯，
稱王只合在延（安）州。

這不是現今歷史家對毛公很正確的評語嗎？在延安時代，董必武頌毛詩中便有「不教佳譽出延州」之句。毛澤東在延安時代把陝甘寧邊區（古秦州地區）的確搞得很好，譽滿國際。又有誰知道毛澤東只是個「方面之才」。一旦入主北京，做了皇帝，他就才有不勝，浩劫連年呢？

《推背圖》的作者竟能於千年之前爲吾輩「預言之」。——縱使是「迷信」、是「僞造」、是「巧合」……無論怎樣，身經此劫者，在家破人亡之後讀之，也是發人深省吧！

歷經滄桑的《推背圖》

《推背圖》這本怪書有圖象有讖語，據說是唐太宗貞觀（六二七～六四九）年間李淳風與袁天罡合撰。新舊《唐書》中有傳；《宋史・藝文志》中也有著錄。因其亂測朝政爲統治者所不喜，宋太祖趙匡胤作了皇帝乃以死罪禁之。然此書已流傳數百年，不禁還好，愈禁愈紅。朝廷不得已，乃取舊本把其中預言顚倒紊亂使讀者搞不清次序，無從相信起。但是自古以來的統治者禁書（包括秦始皇）都是只禁民間之書，眞正好書好畫孤本絕版（如今日美國普林斯頓大學所保存的孤本殿版《金瓶梅》），大皇帝還是要祕藏禁宮，自己去細細「御覽」的。因此這册唐版《推背圖》，便在宋元明三朝大內中倖存了，直至闖王犯闕，崇禎上吊之後，才又自宮廷中解禁出來。可是清初康雍乾三朝，文網甚嚴，文人多不敢犯禁。至「英法聯軍」（一八六〇）和「八國聯軍」（一九〇〇）相繼佔領北京，禁城文物國寶一再被洗劫之後，古本《推背圖》就和古本《金瓶梅》一樣，才飛入尋常百姓家。

至於本書被禁之後，和再度被複印，終於大量流入民間的詳細情形，當前兩岸目錄學家一時還難斷言。因此其中許多看來靈驗非凡的讖語預言，一般讀者，當然包括筆者自己，時至今日，仍然覺得是絕對不能相信的。因爲根據科學原理，乃至最膚淺的常識，這種預言必不會準確到連後世統治者的眞名實姓都可以呼之即出的，——不像「九十九」只是個「數」。

洪水滔天苗不秀

且看《推背圖》第三十四象・巽卦，對「太平天国」的那項預言，全文如後：

讖曰：

頭有髮，

衣怕白。

太平時，

王殺王。

頌曰：

太平又見血花飛，

五色章成裡外衣。

洪水滔天苗不秀，

中原曾見夢全非。

〔附註〕標點符號爲筆者所加。其後原有的「金聖嘆曰」則刪去。筆者所用本子原藏先岳遺書中，無出版標誌。嗣於香港購一《預言七種》，亦無出版處，然字句相同也。

上面的「頭有髮」是長毛，毋需解釋。長毛的「官」所穿的制服有紅有黃。因此紅黃二色爲「官服」顏色，民間絕不許用。用者「斬首不留」。民間一般都穿藍青烏黑等「雜色」。公務員和一般幹部，尤其是頭有原始長毛的「老長毛」，絕不穿白！這種「衣怕白」的長毛習俗，不但一般讀者沒有印象，後世的專研太平史的專家學者，有的也未曾注意，而預言書作者卻小題大作之。——我國古代秦人尚黑、漢人忌白，都與迷信有關。

「太平時，王殺王」，下文當詳論之。至於「五色章成裡外衣」，這也是事實。蓋洪秀全在永安封王時，他所封的東西南北翼五王，也是旗分五色的（翼王旗卽爲青色）。所以這位預言的作者，縱使是「事後僞撰」，而撰者也是個頗有火候的黨史家呢！

這首預言詩，如是「事後僞撰」，作者的膽子也未免太大了。怎能去學老名士張佛千教授，寫「嵌字詩」，把「洪秀全」三字，眞的「嵌」出來了呢？——這一下便牽扯到「哲學」和「神學」上「有神論」(theism)和「無神論」(atheism)的兩大糾纏上去了。

許多大科學家包括愛因斯坦都絕對不信「神」的存在。筆者有緣竟有一次親眼看到他老人家在一座教堂內，背上帝而坐，大談其無神的宇宙論。

可是這個世界上絕大多數的人（包括很多拔尖的科學家，和頂半邊天的女人），都是相信有神的。「天父上主皇上帝」不用談了；就是以男身化女身，救渡蒼生出苦海的觀世音菩薩，也是「無所不在、無所不能」的。——信宗教的朋友們（他們是「有神論者」）會說：「誠則靈」。你如果眞相信上帝或觀音，你可能有時會覺察到「有求必應」的「靈異」現象。但是你如死不相信（像愛因斯坦那樣），那你就是個「無神論者」。你目中既然無神，祂兩位老人家也很民主。那麼你走你的陽關道，我走我的獨木橋；河水不犯井水。——你平時既不燒香，臨時可別來抱我佛腳啊！

「有神」與「無神」

所以，朋友！你如是個有神論者，虔誠地相信宇宙間萬事萬物，都是上帝安排的，那麼萬能的上帝難道說還不如一個白髮老翁張佛千？張教授會作「嵌字詩」，而上帝不會？——作嵌字詩要「漢學底子」好；難道觀音菩薩的漢學底子還不如張佛千？要去向張教授投「門生帖子」？

因此凡天下任何事理都不可說得太絕。我們信任「無神論者」的辯難至百分之九十九；也要給「有神論者」百分之一的機會，讓他們盡其所欲言。——萬一將來的考據學家、目錄學家和版本學家真的證明了上述有關太平天国的預言詩，確是一八五六年（太平天国「天京事變」）之前的作品，那我們對這首預言詩，如何處置呢？

縱遲至科學大昌明的今日，天下事還是有許多不可解的。我的前輩老朋友李宗仁將軍曾告訴我說，當年他的參謀長葉琪將軍墜馬而死之後，他曾和白崇禧等葉琪的老友，去訪問一位可以招魂的巫婆。這巫婆在昏迷狀態中，竟然發出葉琪的聲音；並交代了葉琪生前的私事。

筆者的岳丈吳開先先生也是（且用他自己的話）「絕對相信人類是有靈魂的」；因爲他也有過相同的經驗。以上所舉只是兩位名人的經驗。其實類似的例子在社會上是舉不勝舉的。

筆者幼年曾旁觀鄉人「扶乩」。一次竟被叫上乩壇和一位堂弟共同「扶」那綁著一枝筷子的紗籮。這筷子竟在下面的沙盤裡寫出許多字來。這些字加在一起，經長輩斷句，竟然是一首詩。我知道那詩不是我作的；我也知道那首詩不是我那位堂弟作的。堂弟連〈總理遺囑〉都不大看得懂，那能作出那首典雅的舊體詩來呢？——但是這首詩是誰作的呢？真是天大的疑問——我自己經驗中，數十年也無法解決的疑問。讀者們如批閱拙作至此，可能會設想筆者也是一位「有神論者」了。其實非也。我只是和我老師胡適之先生一樣，覺得「麻將裡頭有鬼」罷了。——有神云乎哉？

小頑童敵不過老頑固

天下事之不可思議者正多。但是人類卻是一種自作聰明的動物。家有敝帚、享之千金。愚者一得，往往就要以一得之愚，強人從己，向別人搞「專政」。——人類自有文明以來，可說是無時無刻不是生活在被專政之中。

古代和中古的西方、西亞、南亞和拉非落後地區的人類（包括我們自己的洪天王），可被他們自己製造出的「無所不在、無所不知、無所不能」的各種上帝和偉大神祇專政專慘了。他們的聖人、哲士、先知、彌賽亞等等，知識貧乏到連一隻小螞蟻也製造不出；卻斗膽地發明了無數呼風喚雨、無所不能的偉大的上帝和神明，來向自己同胞或其他民族專政，一專便是千年以上，眞是不可思議！

在這方面，我們的中華文化就比較輕鬆多了。糊塗的洪天王之外，我們向來沒有爲上帝流過血。我們的文化傳統一直是鄙視「怪力亂神」的。但是說也奇怪，我們卻也被反對怪力亂神的先生們，專了兩千多年的政而不能自拔。

我們這項不談怪力亂神的專政制度一直專到清末咸豐年間，才出了個「一神論者」(monotheist)洪天王。他挺身而出，向這個無神和低級的「泛神論」(pantheism, polytheism)挑戰。掉一句社會史學的專門名詞，那就是洪秀全這一干人是受了「西學東漸」的影響，以有神的西學傳統來向無神的東學傳統挑戰。洪楊一夥實在是我國歷史上，「第二次社會轉型期」中的第一批從事「轉型」的先驅。只是這批鄉下哥哥，草莽英雄，知識太低。他們不知道他們自己在「中國社會第二次大轉型運動」中的歷史作用，而做了個蚍蜉撼大樹的造反小頑童罷了。

再者在異文化挑戰下的社會轉型（也就是「現代化或西化運動」）原是漸進的，階段分明的。最早期的西化（也可說是「異化」）往往是最幼稚、污染的成分最大，也是糟粕最多的。同時也是他那個對手方，百足之蟲、死而未僵的老傳統阻力最大的時候。——小頑童敵不過老頑固；小頑童就要遭殃了。——洪楊悲劇是有其歷史上的必然性的。

不要被賽先生、德先生牽著鼻子

但是洪頑童的必然失敗，並不保證他對手方那些垂死老朽的蒼髯永駐。他老人家還是要繼續他那由老而死的必然程序。——朋友，這也就叫做「歷史的必然」！君不見「曾妖」那個老傳統在「西學」挑戰之下，還是延續不下去的。時未逾一甲子（六十年），孔家店不是又被打得稀巴爛？迨紅衛兵來了。那千年無損的孔家三座老墳（孔丘、孔鯉、孔伋），不通統都被挖掉?!今夏余偕老伴謁「三孔」（孔廟、孔府、孔陵），見其墓草青新，固知其土下無物也。

但是生而為「人」，就是命帶專政的。繼孔孟而來的，我們還不是被馬列專政、階級專政、民主專政又搞了數十年。當前的世界上的穆罕默德專政還不是方興未艾？德先生和賽先生聯合專政，不也是如日中天?!

朋友們相信嗎?賽先生、德先生也只是先生之一耳。胡適之先生有詩曰：「那個貓兒不叫春?那個先生不說話?」若論說話的本領，則德賽二先生就未必比孔孟、馬列、耶穆諸二先生更強呢!他們三組中馬列之外，都各有千年以上的專政史；賽德二先生才風光了幾年?

「江山代有才人出，各領風騷五百年。」大家在各自的時代，各領其風騷，誰比誰強呢?誰又是一成不變的「永恆眞理」?!

被一時時髦的思想所專政，聖賢豪傑所不能免，況我輩凡夫俗子乎?那位與天鬥與地鬥與人鬥都未遇敵手的英雄好漢，他還不是不敢與馬鬥、與列鬥?老聃說：「天地不仁，以萬物爲芻狗。」說穿了，聖賢豪傑，也只是一束芻（禾草），一條狗而已。狗有什麼自由意志?聽主人安排罷了。

再回頭看看我們那位聰明絕頂的胡適老師吧!他分明知道四人合玩的麻將裡頭有鬼。聞一以知十的他，爲什麼就不能演繹一下、推測一下說，四萬萬人合玩的大麻將裡頭更有鬼呢?有「學識」的人，往往是其「學」可學也；而其「識」不可學也。胡適則是一位「學」、「識」兼備的人；何以他「識」不及此？其實胡氏不是「識」不及也；他是「學」不敢也。他老人家服膺「科學」、「民主」，服膺了一輩子。被賽德二先生專了政，而終身不能自拔！談到「非科學」、「反民主」的任何事物，他就碰也不敢碰一下了。

胡適非不愛自由意志也；非有疑處不疑也。只是自由意志，被外來意志長期專政之後，「情願不自由，也就自由了。」如此而已。震鑠古今的大思想家尚且如此，更何況那些迷失於教條主義的小作家，和平凡的我輩！

知其然，還要知其所以然

作者下筆千言，說了這許多離題萬里的話，無非是——再引一句胡適之先生的名言——「圍繞著方法二字在打轉」。吾人治太平天国史，甚至整個中國近代史，態度可得大方一點。不能拘泥於任何一種特定的「方法」，而自我頂枷。我們有時連「迷信」也得讓它三分。不可嗤之以鼻。朋友，你說所有的「神仙」都不如你？那你也未免自我膨脹得太厲害。

你打麻將——現在港台日本和海外華僑社區乃至大陸上許多城鎮，每逢週末，「碰」、「吃」之聲，都響徹雲霄——你和不了牌、輸了錢，你把枱子砸通，還是和不了。可是麻將「鬼」一旦給你以青睞，「好張子」便一張接一張撲人而來；你「坐莊」、「霸莊」，接連不斷。洞房花燭夜、金榜掛名時。好不樂煞人也，麼哥。有心臟病的賭友，有的樂極生悲竟爲之一命嗚呼。

「麻將裡頭有鬼」是違反科學的；但它卻是實驗主義者在科學實驗室裡，實驗出來的放諸四海而皆準的「普遍眞理」！

但是吾人如把世事眞看成一桌麻將，一切由上帝安排、神仙作主，那也未必。因爲神仙（如畫《推背圖》、撰《燒餅歌》的那些聰明鬼）縱使不幸言中，祂也只是「知其然，而不知其所以然」。欲知其所以然，縱是神仙也得看看「社會科學家」，是怎麼去分析的呢！

或問：子不言乎，吾人不能讓德先生（民主）、賽先生（科學）牽著鼻了走，何以又以子之矛攻子之盾而奢言社會科學歟？曰：非也。吾所戒懼者，專政也。科學專政與民主專政同是死胡同。一經專政則專者與被專者，皆面目全非。——胡適聖賢也。一朝爲科學所專政，則不敢妄言鬼神。晚年大鑽其原不值一鑽之《水經注》；而不敢稍鑽其大有可鑽的「麻將裡頭有鬼」。

天下任何事理都是走著瞧的。一經「專政」或「獨崇」，則成佛徒所說的「著相」，便走火入魔矣！所以社會科學家縱連「迷信」也寬容它三分。如此而已。

兩百年轉型的最後關頭

前已言之，在社會科學家的電腦裡，歷時十四年的「太平天国」只是近兩千年來，「中國社會第二次大轉型」中的「第一階段」。

吾人今日在這個走著瞧的程序中，回看這個轉型運動，自鴉片戰後發軔以來，大致需時一百八十年至二百年，始能竟其全功。顯然的它現在已進入其最後階段。如無重大意外，下一個「定型」社會，在二十一世紀初季應可醞釀成熟矣。——國事在社會科學家的電腦裡，似乎也是可以預言的呢！

再者這一記「階段分明」的轉型運動，不是勇往直前、有進無退的。它是走三步退兩步；甚或是走兩步退三步地緩緩地向前移動而至於今日。這也是「辯證」論者所強調的「對立—統一」的公式吧！迂迴是難免的；前進則是必然的。明乎此，我們對「頭有髮，衣怕白；太平時，王殺王」的「知其然」，就可以提出社會科學也能夠加以詮釋的「所以然」了。

「流竄」、「割據」、「圍剿與反圍剿」

須知我「漢族中心主義」的武力和文明向外擴張，自古以來是自北而南的。從「吳越」的歸宗，到「南粵（越）」的同化，到「越南」之加盟，是程序分明的。可是洪楊諸公這次卻領導了大批「粵匪」，逆流而行，打出了中國歷史上前所未有的第一個「北伐」！（其後孫中山領導的「辛亥革命」，和蔣介石領導的「北伐」，只是竟其未竟之功。）

洪楊這次北伐，其來勢之猛，眞是世界史上所寡有。吾人如把它十四年的歷史分段而論之，大致也可分成三大階段：曰流竄時期（一八五一～一八五三）；曰割據時期（一八五三～一八五六）；曰圍剿與反圍剿時期（一八五六～一八六四）。一八六四以後的捻軍和華南一些會黨的繼續活動，只能算是圍剿與反圍剿的餘波了。

所謂「流竄」者，簡言之便是傳統的黃巢、張獻忠的鬥爭方式。農民在揭竿而起之後，由小股化大股，與官軍你追我趕，不守一城一地，在國內四處流竄。鑽隙前進，拖死官軍。

洪楊起義的最初三年，便是這樣的，他們是一群沒有根據地、沒有後勤、沒有固定兵源的中國傳統歷史上所記載的「流寇」——近人所謂農民大起義。這種農民起義所以能愈戰愈強、愈滾愈大者，是有他們特殊的社會條件的。那就是政治腐化、官逼民反；社會癱瘓、民不聊生。在這個人心思亂的國度裡，一般飢民和他們的有政治野心的領袖們，是唯恐天下不亂的。一旦有人揭竿而起，則星星之火，很快的便可以燎原（《毛選》中以此為題）。

「永安突圍」時的人數問題

洪楊於一八五二年春自永安州突圍北竄時，連婦孺在一起不過二、三千人。——讀者中的洪楊專家們，且慢……，先讓在下談點個人的小考據：

關於永安突圍的人數，我的業師郭廷以先生（中國近代治太平史的第一位權威），和後來的簡又文、羅爾綱諸先生都說有數萬人之衆。筆者於五十多年前在沙坪壩的大學課堂裡，便向郭師質疑。我認爲這個數目字太大。我的理由有兩點：第一是個人經驗。那時我也是個形同流寇的流亡青年，與數千流亡夥伴自陷區「突圍」到西南山（苗）區去的。親身經驗告訴我們，像永安那樣的西南小山城是很難容納像我們自己那樣從天而降的「三千小兒女」的。慢說吃喝住，連大小便都無法容納呢！

第二是歷史檔案。當時向永安合圍的官軍總數不過一萬四千人；而被圍者其後總說是「被圍於數倍之敵」。如此則突圍者不過二、三千人，實是個合理的數目了。

後來筆者在美國大學裡教書，自己和學生一道讀洋書，不意竟忽然開朗；原來當時參加永安突圍的重要領袖之一的「國舅」賴漢英，便是如此說的。漢英是洪秀全原配賴「娘娘」的弟弟；也是後來捻軍傑出領袖賴文光的堂兄弟。他自金田起義、永安突圍、進軍長江、奠都天京（南京）、到略地江西……，可說無役不與。後來進封「夏官丞相」，位至極品；實是太平開國元勳中，僅次於八王的重要首領。歷來官書私藉對他的記載都是觸手皆是的。晚至一九七五年他花縣故鄉還有他受傷還鄉的傳說。可是漢英在外交方面的經歷，卻鮮爲人知。他是洪楊奠都南京之後，第一個與外國使臣接觸的天朝外交官。

原來洪楊於一八五三年三月底克復並正式建都南京之後，英國政府迫不及待地便試圖與新朝接觸並建立外交關係（其行徑與一九四九年秋的英國在滬寧一帶的活動，前後如出一轍）。同年四月下旬駐華英使兼香港總督喬治文翰(Samuel George Bonham)乃偕譯員密迪樂(Thomas T. Meadows)乘英艦哈爾密斯號(The Hermes)直駛南京。由於外交禮節的難以如願，英使拒見太平官員，而密迪樂則接觸廣泛。他所見到印象極佳的新朝官員便是賴漢英；他二人甚爲投契。密氏並奉贈賴氏歐製望遠鏡一架以爲紀念。他二人的交往可記者頗多，密迪樂記錄彌詳；簡又文教授亦曾加摘譯。在他二人交談中，賴即談到當年永安突圍的往事，頗富史料價值，而漢籍中則未嘗見也。簡君譯文中竟亦疏於選譯。

賴說太平軍在永安時陷入重圍，彈盡糧絕，但是士氣極高。在天公威靈感召之下，「全軍二三千人，置婦孺於中軍，不但一舉衝出重圍，且將敵軍徹底擊潰。」（見 Thomas Taylor Meadows, *The Chinese and Their Rebellions*. London: Smith, Elder, 1856; Reprinted by Stanford University Press, 1953; Reprinted in New

York, 1972. p.282. 並請參閱 *Western Reports on The Taiping: a selection of Documents.* Honolulu: University of Hawaii Press, 1982. p.44n.）密迪樂所記錄下來的賴國舅的「口述歷史」，顯然是可信的，也是合乎事實的。

金粉鄉裡的開國昏君

太平軍自廣西永安（今蒙山縣城）突圍（一八五二年四月五日）之後，人數雖少，卻如猛虎出柙，銳不可當。全軍沿途裹脅青壯，實力迅速膨脹。各路英雄好漢、激進工農，更是附義如雲。飈風橫掃、草木皆兵。四、五月間，圍攻桂林未克，乃北竄全州屠城而去（六月三日）。入湘以後，長沙之外無堅不摧。會黨礦工船民參軍者數萬人。五二、五三年之交遂進據武漢三鎮。全師至此帶甲凡七萬五千人，號稱五十萬。五三年二月乃盡擄三江一湖（湘江漢水與洞庭湖）中的民船數萬艘，順流東下。檣櫓如林、旌旗蔽天。下九江、克安慶、破蕪湖，如入無人之境。三月十九日乃攻入南京，斬清廷兩江總督陸建瀛及江南提督福珠洪阿。翌日又攻破南京城內之滿城，將清廷之江寧將軍祥厚、副都統霍隆武以下之滿族男女老幼四萬人，悉數屠殺。同時清查闔城漢族戶口。凡曾任清政府公職者皆視之為「妖」，隨意捕殺。妖之外的一般男女市民，則勒令分為「男行」、「女行」。青壯男子則編入軍營；婦女則編入「女館」，隨同勞動。百工技藝亦按職業性質，編入諸「館」。所有公產均入「聖庫」；市民私產則勒令「進貢」，加以沒收。家人不得私聚；夫婦不許同床。違令者「斬首不留」。闔城上下除王侯高幹之外，同吃同住同勞動，整個南京城遂恍如一大軍營。——此實中國歷史上，在百年後中共搞「大躍進」（一九五八）之前，破天荒的有實無名的「人民公社」；有中國特色的共產主義之徹底施行！

一切粗具規模，天王洪秀全乃於三月二十九日自下關江邊，捨「龍舟」登陸。這條龍舟是什麼個樣子呢？想讀者或與筆者有同樣的好奇心。讓我們且抄一位當時目擊者的報導：

> 洪秀全坐船上，船首雕一龍頭，飾以金彩；舵間裝一龍尾，僞稱王船。遍插黃旗。兩旁排列砲位十餘尊，鉦鼓各一，硃漆龍棍大小各二。船上點燈三十六盞。（見簡又文著《太平天国全史》頁五一三，引《盾鼻隨聞錄》。）

至於洪天王初入他的都城「天京」是怎樣一種氣派呢？再讓我們抄一段當時在場看熱鬧者的口述：

……其日，東王楊秀清躬率諸王百官及聖兵恭迎天王於江干龍舟中。東土衣紅袍，戴貂帽，如宰相服飾。其餘各首領或戴官帽，或插豎雞毛，帶兵十數萬，簇擁跪迎。是日天色晴明，旌旗蔽空；各官皆騎馬，帶兵勇前驅。其次則各王皆坐黃轎，轎頂一鶴，後皆有王娘及大腳婦數十人騎馬從焉。天王之帽如演劇長生殿唐明皇之帽，黃繡龍袍、黃繡龍鞋，不穿靴，坐一黃色大轎，轎頂五鶴朝天，用十六人舁之。輿夫皆黃馬褂、黃帽。前隊旗幟兵衛數百對。次鑼鼓手若干對，次吹鼓手八人，各穿制服。太子（皇子）二人，一騎馬，一抱在乳媼手中。天王轎後，婦人三十六人從，皆大腳短衣長褲，不穿裙，騎馬，手執日照傘。最後擁兵衛者，亦不計其數。蓋驅策萬衆，喧嗔數十里，居然萬乘之尊。（見同上書頁五一二轉引自《養拙軒筆記》。）

洪秀全這位落第老童生，三家村的私塾老夫子，至此可說是吐盡鳥氣，與百年後屹立於天安門上，高呼中國人民站起來了的小學教師毛澤東，躊躇滿志之情，可說是後映前輝了。至於他心中究有多少蒼生，多少人民，吾不知也。但是大丈夫當如此也。治史者終不應以責備聖賢之筆，以丈量草莽英雄也。

好漢既入深宮，難免縱情聲色。據幼主小天王殉國前之回憶：乃父在金田起義時，已有姬妾十五六人。突圍永安時「娘娘」已增至三十六位。天京後宮之內，則同床者多至八十八人。如此粉陣肉屏之中，大腳小腳應付之不暇，還有什麼革命之可言歟？自起宮牆自繞，這位開國昏君，不論生死，就再也不願全屍離此金粉之鄉了。

*原載於台北《傳記文學》第六十三卷第二期

四、「四不像」的洪楊割據

筆者於四〇年代之末，抵美留學時，曾在紐約市動物園看過一些來自中國的珍禽異獸，眞不勝感嘆。其一便是「熊貓」。標籤上寫著中國特產，是否爲蔣宋美齡夫人所贈者，已不復記憶矣。牠灰溜溜的，看來像是一頭花豬，橫臥牆角，亦引不起訪客的重視；哪像三十年後，專機來美那一對嬌嬌滴滴的毛主席兒女，在華盛頓那樣風光！愚夫婦好奇，亦曾馳車去華府恭謁。驕陽之下，排隊半哩。乍睹芳顏，眞疼愛無比。牠二位香巢之華麗固無待言矣。而貴伉儷一舉手一投足，檻外同謁者，無不鼓掌歡笑，聲震樹木。然這對貴族夫婦，與三十年前鄙所見之「花豬」，究有何不同呢？豬猶一也，而貴賤窮通，懸殊若是！蘇秦先生若在此、可能也要感嘆而言曰：「豬生富貴，豈可忽略哉?!」

另一頭中國特產，標籤上是否有拉丁文名字亦忘之矣。只記得其名爲威妥瑪拼音的「四不像」(Ssu-pu-hsiang，按今日大陸上的漢語拼音，則應該是Si-bu-xiang)。牠老人家被放置於一亞洲欄內，與一般亞洲來的牛馬同列而嚼其枯草焉。

一般拖兒帶女的動物園遊客，誰有此耐心和雅興去分別牠們是牛是馬呢？大家只有望望而去之。至多品頭論足一番而已。誰知竟有個好奇的「打工仔」，爲此一漢語拼音所惑，眞把那生鏽的銅牌讀下去。一讀，不得了，牠老先生本是我國的貴族。原來是錦衣玉食，生於吾皇的御花園「三海」、「南苑」之內。不幸「八國聯軍」侵華，闖入御園，把牠捉去當了俘虜。所幸牠未曾參加「義和團」；既未「扶淸」、更未「滅洋」。戴不上「戰犯」的帽子。但是帝國主義的洋兵卻不管這一套，硬是把牠捉了，枷鎖至紐約吃枯草已數十年矣。

老貴族爲何取個怪名字叫「四不像」呢？同來自中華的青年打工仔歷史家，曾爲前輩細查之。原來牠「角似鹿、尾似驢、蹄似牛、頸似駱駝」。結果弄成個非鹿非驢非牛非駱駝的「四不像」！

如今事隔數十年，牠老貴族早已物故。遺骸可能已變成標本，佇立何方。但是老前輩留給我的牠那慈祥古怪的四不像，卻永誌不忘。其實牠老人家爲何不能名爲「四像」呢？牠不是既像鹿、又像驢、又像牛、又像駱駝嗎?!

近來筆者整理舊稿，翻及太平天国諸卷。因想把洪楊政權按社會科學原則來分分類：基督教政權？社會主義國家？民族革命？農民大起義？神權國家？反封資修的無產階級專政……？分來分去，吾分不了也。可是忽然靈機一動，想起了我的同僑而有忘年之交的老前輩「四不像」來，才豁然大悟。——洪楊政權原來是個「四不像」的政權。思想搞通，眞不知手之舞之，足之蹈之也！

太平史面面觀

洪楊政權既然是個「四不像」，歷史家、哲學家、政論家、宗教家等等，如果硬要以一己專業的興趣，來加以妄評或妄攀，都是要走火入魔的。

前篇已言之，國學大師錢穆就認定洪楊政權是個背叛孔孟、違反中國道統的邪惡政權。他擁戴曾、左、李、胡的衛道行爲，而洪楊則罪該萬死。可是洪楊之後六十年，國家最高學府中的陳獨秀、胡適之、錢玄同，不是也要打倒孔家店?!此外，洪楊之「田畝制度」、解放婦女、不許纏足、嚴禁「吹煙」（吸食鴉片）、酗酒、禁娼、禁賭、禁淫，膽敢「姦小弟」（同性戀）者，「斬首不留」……。則視孔孟之邦空談仁義，奴役女性，舉國吸毒；雖名士高官，亦以姦小弟爲風雅……。兩兩對比又何如哉?

太平滅後，評其功過，名士汪士鐸立論就相當公平。汪說：「賊（指洪楊）改四書五經，刪鬼神祭祀等類……無卜筮術數，禁煙及惰……此皆勝我（清朝上下）萬萬也。」汪且強調說：「不以人廢言，此功不在聖人下也。後世必有知言者。」（見汪著《乙丙日記》）

舊儒奢言道統者，實知其一，不知其二罷了。

通達人士如胡適之先生，也反對洪楊。胡氏反洪楊的立場是從他一貫的「反戰爭」、「反暴力」、「反革命」的理論出發的。他認爲在社會上使用暴力解決問題都是錯誤的，得不償失的。事實上也確是如此。但是社會上何以會發生暴力，則非適之先生這樣的白面書生之所知了。

國民黨人談洪楊，始則是之，如孫中山先生和一些早期的革命黨人（包括早年的蔣介石）；終則非之，轉而崇拜曾、胡（包括晚年的蔣介石和陳立夫等人）；何以如此呢？那就是因爲他們由「在野」到「在朝」。在太平諸公的「四像」、「四不像」的形象中，捉摸不定的緣故。——同時也是由於他們對太平天国的歷史欠缺深入的瞭解。憑常識論史，所以往往就驢牛難分了。

洪楊功過的兩家之言

可是治太平天国史，而弄得四像不清，從一而終的，最高史學權威亦不能免。今世治太平史最深入者，莫過於簡又文和羅爾綱兩先生。兩君著述都數百萬言！而簡君在太平「四像」中則咬定個驢。他認定洪楊革命是一種至高無上的，漢族反滿的「民族革命」。爲此，簡公亦終身頌之。簡氏成長於國民革命時代，立論蓋與時代精神有關。

羅爾綱先生則走向另一極端。他老人家咬定一條牛，認爲太平天国運動是一種偉大光輝的「階級革命」。認定這一偉大目標，雖千萬人吾往矣，羅君竟以太平天朝的正統史家自居，而斥曾國藩等爲「漢奸」、爲「反動派」、爲「封建地主」……，義正辭嚴，有時簡直目皆盡裂！

羅君廣西人，幼曾承教於胡適之先生，著有《師門辱教記》記其在胡家受學之經過，爲適之先生所稱賞。然其治太平天国史則與師承完全相反。以馬列主義爲指導思想，以階級鬥爭爲綱而治太平史，數十年來在大陸上領袖群倫，已蔚成一代宗師。近數年來由於中國開放，「蘇東波」解體改制，馬列史學之權威在大陸已引起懷疑。青年學者尤多喜新厭舊，而羅公老驥伏櫪，信心彌堅，初不稍讓。

余讀羅公太平史書數十年，知其包羅宏富，考證精擘，馬列史學中之重鎮也。近著《太平天国史》精裝四鉅册（一九九一年九月北京中華書局第一版）都百餘萬言。余亦搜購一部，細讀之、詳批之。頗有所獲，亦頗有驚異。試略述之，或亦爲海外同行所樂聞，蓋該書爲太平史學界，最近在大陸出版之重要鉅著也。

再者適之先生當年與筆者聊天亦時時提到羅君，頗多念舊之辭。筆者亦嘗繼續羅公未竟之功，整理胡父鐵花先生之遺稿也。今讀羅氏鉅著，遙念當年的寒士助理，今日的老輩衰儒，亦不無相濡以沫之感，因突出羅公，多寫兩行，也不算是濫用篇幅吧！

羅史評介

一九九一年才出版的四卷《太平天国史》，應該是羅爾綱教授治太平史數十年的一個總結了。單從該書的外形來說已經很不尋常。它是文革以來筆者所見大陸出版有關中國近現代史書之中，唯一的一種用「繁體字」直排，採取三〇年代通用的標點符號的布面精裝鉅著。

〔附註〕六〇年代文革以後，用同一類形式在大陸出版的書籍蓋只有《標點本二十四史》和章士釗著的《柳文指要》。然前者爲古典，不可用簡體字；後者爲欽定，是毛主席親批，周總理指定發行的。而羅公今日亦居然能破例行之，也可見其自視之高，和名位之隆了。其與《標點本二十四史》以同樣方式印行，作者或有其作「正史續編」之雄心。然此一雄心居然能實現者，亦見作者政治地位之不平凡也。

再者，本書所採用的史學形式也是直承馬、班傳統的「紀傳體」，奉「天朝正朔」來寫的。書內日期悉用「天曆」。這個不陰不陽的「天曆」，是南王馮雲山在金田起義之前，在清朝牢中私訂的。馮雲山和洪秀全一樣是個累考不售的落第秀才，修訂「曆法」絕不是馮的知識所能勝任的。他爲遷就農民習用的「二十四節」，乃硬性的把節日固定了；然地球繞日卻不聽王爺的話來那麼循規蹈矩的轉動。馮氏不得已，乃把馮曆弄成「四十年一閏」，比陰曆更要糟。

加以洪、馮二氏早期對耶教文獻最熟悉者，蓋爲《舊遺詔書》（舊約），把猶太教義混入耶教（筆者有另文記之）。蓋猶太人「禮拜」上帝於星期六、耶教於星期日、回教於星期五。馮雲山顯然是把耶穌和摩西弄混淆了。他把「天曆」的「禮拜日」訂在「禮拜六」（星期六）。把星期六當成星期天，因此在「天曆」中星期循環的安排，就與一般基督徒所用的陽曆相差一天，而弄得天下小亂。郭廷以老師在清華大學當研究生時，花了年把時光，才把它們弄出個頭緒來而得了碩士學位。羅君爲尊天朝爲正統而用天曆紀元，也爲讀史者略增了些小痲煩。——知其所以然還要三曆對查，也是個頭痛的事。這也是作者堅守中國封建傳統中的「正統觀念」的舊史學在作崇焉。

一九八二年羅爾綱先生爲王慶成教授的大著《太平天国的歷史和思想》作序時說：「在研究工作中，我們知道，要避免只見樹木不見森林的毛病。只有很好地掌握馬克思主義才能做得到。」（見該書羅序，頁二）。

其實洪楊這個「四不像」政權，恐難以「社會主義」或「階級革命」這「一像」而概其全。治史者縱精通馬列主義而加以詮釋，也只是一像之言。而筆者在羅公大著之中，除見其罵太平對手方爲漢奸、爲反動派、爲資產階級地主階級……等惡言惡語之外，亦未見多少馬克思主義。新舊對參，固知羅書亦轉型時期四像四不像的轉型鉅著也。

再者，吾人如把太平天国看成一個獨立的小朝代，它也是我國史上涉外最多之一朝，而作者對涉外史料（除三數本漢譯西書之外）未能直接而充分的利用之，亦是美中不足。然瑕不掩瑜，爾綱先生畢生治太平史之貢獻，在其掌握大綱，而細枝末節，均有其極精深之考訂，與簡又文先生實爲瑜亮。

憶年前曾有一讀者函余，謂《中國時報》和《傳記文學》上所印出之「天王洪秀全像」，實爲「天德王洪大全」云云。時因旅途匆忙未即答。其實根據簡、羅兩先生之考證，「洪大全」實無其人。在永安突圍時爲清軍所捕，解往北京凌遲處死之「洪大全」，實爲湘人焦亮也。亮爲湖南天地會小頭目，自命才濟諸葛，故取名曰「亮」。因不洽於洪楊，陷於清軍時已在太平軍枷鎖中矣。哪來此王冠黃袍之像呢？（見簡書，頁三三二，〈洪大全案之研究〉；羅書，頁二三七七，〈焦亮傳〉。）

總之，「太平天国」實爲一四像、四不像之「改朝換制」（不只是「改朝換代」）的革命政權。治史者不能自限一格而論其一像也。

「四不像」是轉型初期常見的現象

有的讀者可能要問：「太平天国」何以變成這種四像四不像的政權呢？這一點在社會科學裡是不難找到答案的。

原來一個衰勢文明，在一個入侵的強勢文明挑戰之下，雙方交流激盪的結果，往往是守衛者的母文化但餘糟粕；入侵者的新文化則多屬「污染」。其中最糟的就變成了非牛非馬的所謂「殖民地文化」（或半殖民地、次殖民地文化）了。

試看十九、二十世紀中，亞、非、拉三洲之內所存在的列強殖民地（包括我國通商各口岸中的「租界」），哪一個不是這樣的呢?!你說他洋吧！表面看來，穿洋服、吃大餐、進教堂、說洋話，歌台舞榭、燈紅酒綠，眞是洋得十分徹底。可是究其實，哪裡又能找到什麼法治民主、救弱撫孤、守秩序、重公德的西方文化的精髓呢？

反過來看看我們土著的社區，其中煙、賭、娼，氾濫無邊；幫會盜賊橫行，貪贓枉法、貧窮、疾病、骯髒、糟亂，都達於極點，哪裡又能找到一點點我們自吹自擂的「四維八德」呢？——總之在攻守文明之間，同取其糟粕（今名謂之「污染」），是早期強弱文明對流的必然現象。但是一個被強勢文明挑戰的弱小（或弱大）民族，如不是一窩頹廢的群居動物，雙方交流日久，渣滓淘盡，漸取賓主之長，那就是今日世界嶄新的文明了。——在那兒華裔人口佔百分之八十的前殖民地新加坡，這項轉變中的表現，就是個很標準的實例。雖然新加坡朝野亦有其並不太光鮮的一面！瞻念前途，吾華裔其勉之戒之。

社會改制最早的嘗試

言歸正傳，我們的洪楊政權，也就是早期中西文明對流中的產兒之一。更確切的說，它是中國近代史上，社會轉型的第一階段；也是中西轉型、社會改制最早的嘗試。眞僞雜糅、善惡難分、用捨不當，才搞出這麼個「四不像」的政權來。

舉幾個小例子來說吧！太平政權原是近代中國第一個實行社會主義，同吃同住同勞動，最進步的平民政權。但是它卻保留了「朕即國家」，君貴民輕的最反動的政治哲學。甚至把含義以人口干戈爲重的「國」字，硬性改爲一王獨大的「国」字，作爲國號以教育人民。這就是最矛盾和極反動的了。演變的結果，太平朝中階級森嚴。爲王爲官，可以爲所欲爲。爲農爲工的小百姓，則豚犬而已。無限制權力、無限制腐化的政治哲學中的定律，在洪楊諸公「進城」後的印證，眞可說是淋漓盡致。以短節零篇來窺其全豹，蓋爲不可能；然舉一反三，或亦可略知輪廓。

洪楊在「進城以後」

在今日大陸享有特權的中共幹部之間有句史學術語，叫做「進城以後」。蓋中共原爲一工農政黨。抗戰期中，由於農運得法而打平天下，才從農村進入城市。此共產黨人所謂「進城」也。「進城」因此對該黨來說，實在是個劃時代的里程碑。

百年回顧，我們看到洪楊諸公，也眞是個照本宣科！

筆者於前篇曾突出描述洪天王於一八五三年三月二十九日在南京所舉行的盛大的進城式。其實這一偉大場面，只是個開始。

記得《戰國策》裡有一則關於秦始皇生父呂不韋的故事說：不韋是個「買賤賣貴」的大商人，家貲百萬。但是他還嫌利潤太小，因問他父親說：務農可獲利十倍；經商可獲利百倍；如果搞政治「立主定國」，可獲利多少倍呢？呂父說：那倍數就數不清了。不韋乃決心搞政治。最後居然搞出個秦始皇來。

在中國歷史上搞政治獲暴利的名人，洪秀全也可算是一位佼佼者了。一八五二年春初，他還是個一無所有的貧農頭頭。一年之後自南京下關「進城」，在十萬軍民跪迎之下，他就變成「富有四海」，享有三宮六院七十二妃的萬乘之主了。——老洪，乖乖！這時有八十八個老婆。你能說這位耶穌的弟弟是牛？是驢？是鹿？還是駱駝？

有這許多老婆，放到哪裡去住呢？所以洪天王進城之後，第一樁急事便是大興土木來建造「天朝宮殿」了。

金陵自古帝王都！朋友，你如搶灘大陸，要與鄧公小平來搞個「一國兩府」，那你第一個應搶佔的城市便是南京。南京之爲國都，已積三千年之經驗。它那兒除掉「萬歲爺」和「太監」之外，供奉皇帝的東西，要啥有啥——宮娥采女、黃金白銀、奇工巧匠、捧場文士、磕頭讒臣等一切，無不具備。老兄，你有本事做皇帝，「進城以後」——

萬事齊全；一切就等你黃袍加身！

遙想那虎踞龍蟠、物華天寶，鍾山似金、長江如鍊，江南三月、草長鶯飛，眞是天堂之首、帝國之都，何等氣勢?!回看那吱吱喳喳、煙塵瀰漫的小台北政壇，相去何止霄壤？有心搞「立主定國」的大富商小政客們，眞有志氣，南京才是個去處呢！——這雖是題外之言。

可憐我們的洪老師從那個最落後的窮鄉僻壤的「紫荊山」，一下看到那富麗堂皇、五光十色的「紫金山」……這都是陛下我的「江山」嗎?!洪老大沉不住氣了。眞是恨不得在「槳聲燈影裡的秦淮河」中，一下淹死算了……。

洪秀全是一八五三年三月二十九日（陰曆二月二十日；天曆二月二十五日）進入南京的。進城不過數星期，他就開始劃定皇城、修造皇宮了。

這座他所圈定的城中之城的皇城，佔地約數十方里，分內外二城。其規模大小似乎不在北京禁城之下。其中殿閣巍峨、雕龍畫鳳是不用說了。它在天曆四月（陽曆五月）興工，工匠凡男女萬人，日夜趕工，半年告成，十分壯麗。不幸初步工程方竣工，便發生大火，燒成灰燼。一八五四年初春又在原址重建。規模更大。其正殿稱爲「金龍殿」

。高廣似不在北京「太和殿」之下，「樑柱俱塗赤金，文以龍鳳，光耀射目。四壁畫龍虎獅象，禽鳥花草，設色極工……。」（見羅著《太平天国史》頁一四四四，引吳紹箕〈僞王宮〉，及毛祥麟〈甲子冬闈赴金陵書見〉。）

據目擊者言，正殿之後有後殿；後殿之後，左右各有一池，方廣數十丈。池中各置石船二艘（其一今日尚存，在當年「國府」，今日「江蘇政協」園內）。池後爲內宮，分爲左右兩區。每區大樓五層，高八、九丈，深數丈。這顯然就是洪秀全八十八位老婆住的地方了。

後樓之後爲花園，其亭台樓閣，奇花異草之盛，就毋待多費筆墨了。（見同上）

太平天国遺存文獻中的〈天父詩〉裡，即保存一首洪天王遊後苑的詩。詩曰：

乃〔拉〕車對面向路行，
有阻回頭看兜平。
苑內遊行眞快活，
百鳥〔鳥〕作樂和車聲。

洪秀全這首「詩」雖令人笑掉大牙，但也是他的眞情流露。讀其詩可想見那洪天王一個大男人，當時帶了幾百個女人，同遊後花園的「快活」神情。眞是讀其詩，如見其人。洪某雖然考不取秀才。這首詩卻不失爲宣洩私慾之眞品。也不比毛澤東那首「遠看一個仙人洞」差多少也。

天王的性變態

我爲何說天王遊後苑只「一個大男人」呢？原來洪秀全（像許多cult leaders一樣，包括今年五月份在柯林頓治下率徒衆數十人集體自殺的那個邪門教主）也是個有「性變態」的教主。他和海狗（fur seal，學名Callorhinus Ursinus）一樣，是有性獨佔慾的。——海狗是個古怪的動物。雄海狗雖然佔有數以百計的雌海狗，牠那個大男狗主義，還是不允許另一隻雄海狗出現的。牠這個一夫百妻制，因而也誤導我們中醫把「海狗鞭」當成「補腎藥」。

洪天王顯然就有類似的性變態。你看他率領號稱五十萬大軍，自武昌乘風破浪攻向南京時，在那個戰志飛揚、軍書傍午的時刻，我們今日所發現的天王洪總司令在「龍舟」中所寫的諭旨，竟然只有一件嚴禁隨征將士，在御舟之側偷窺天王「娘娘」的詔書，奇怪不奇怪呢?!

所以我們可以開個玩笑的說：洪天王不但像驢像牛像鹿像駱駝，他也像一頭雄海狗呢！讀者賢達認爲這是筆者倚老賣老，對天王不敬嗎？非也。這是佛洛依德學派中的主要的嚴肅的議題呢！——不客氣的說，毛主席他老人家晚年的行爲，在佛洛依德派心理學家看來，也有這樣很嚴重的傾向呢！這就叫做「以社會科學法則治史」(social science approach to the study of history)。我們寫中國近代史，連《推背圖》都要容忍三分，對佛君的不朽之作，豈可充耳不聞哉?!

閹割幼童和民間選美

洪秀全既然和所有封建帝王一樣，有其海狗之癖，他那雄偉的「天王府」，就不許其他任何雄海狗擅入了。——除非像北京一樣，也來搞一群李蓮英、小德張等老幼「太監」，作爲奴隸。

前節已言之，南京這個現成的帝王都，對洪天王服務是「萬事俱備」的，只是獨缺「太監」這陣東風。——天王府內儘管多的是來自兩廣的大腳女兵，但是任重道遠，究不若膀大腿粗的男性苦力。天王東王因而也就想在天京製造些太監來，以便與北京的咸豐爺，分庭抗禮。

朋友，製造太監，可不是一件簡單的事體呢！我們儒家道統，集三千年之經驗才把閹割太監做得個乾淨俐落，有傷無死。施閹割之術需有高度消毒防毒，去腐生肌，蠟條通便，溫（蠶）室護理等尖端醫學。還要長短大小、分釐不爽、手快眼明、鋼刀鋒利等高級手術和器材。爲避免被閹者精神異化、發瘋尋死，它還需要有諸種「復身」、「娶妻」、「納妾」等阿Q制度來加以慰藉。這都是極高深的心理學……，如此這般，才能製造出大批「公公」，來保證萬歲爺作雄海狗的特權！——這都是我漢家文化極卓越的「成就」，始克臻此！

讀者賢達，您知道製造太監，哪能像我們東王的幹法——到民間去捉些幼童來，把他們的「小雞」割掉，就可變成公公呢?!據可靠的證據，洪楊等人確實殺掉幼童無數人，而一個太監也沒有製造出來啊！

我們寫歷史的人，落筆至此，想到天下父母心，不禁抆淚一問：教授先生，您還要說洪楊政權是「階級革命」，爲人民服務?!

太監既然製造不出來，那麼偌大的「天王府」和「東王府」就全靠女人來服務了。所幸來自廣西的女兵（尤其是客家婦女），都是世界上極少見的勞動婦女。筆者在《李宗仁回憶錄》中曾有極詳細的敍述，可供參考（見該書第二章）。長毛軍中的女兵，尤其是空前絕後的。太平軍東征戰役中打下揚州、死守鎮江，女兵都是主力之一部。迨天京事變時，洪楊同室操戈，爲天王守衛宮廷的，也全是女兵。這不但國史上之所無，世界史上亦所未見。

可是勞動損朱顏：花木蘭、穆桂英都不可能還是窈窕淑女。貴易交、富易妻，所以洪楊諸公（和他們未來的革命晚輩一樣），進城以後，看到多情湘女，軟語吳儂，他們就心慌意亂了。據資料顯示，一八五二年冬季太平軍攻佔武昌，爲時雖短，東王已迫不及待地學著古封建帝王的惡行，在民間開始選美了。

東王有令要全城十三歲至十六歲少女，通統向官府報到，以備選入後宮，違令者罪及父母。在那個「殺頭之外無他法」的革命政權淫威之下，誰敢違令？爲父母者只好汚穢其面，把美女扮成醜婆，報到應差。誰知在報到處即有滿盆清水以待，責令報到少女，先洗面、後參選。一下便選了美女六十人，挾之而去。

洪楊這種暴政，在我們今天看來，簡直太不成話了。但是我國自有史以來，打天下的和助打天下的無不如此嘛！司空見慣，有什麼值得大驚小怪的呢！唐明皇的兒子唐肅宗（李亨）「借回紇兵、平安史亂」（見《通鑑》和新舊《唐書》）。他給回紇的條件便是，亂平之後「江山社稷歸大唐、子女玉帛屬回紇」。果然不久，回紇就把長安打下了。但是唐肅宗這個混球有什麼「子女玉帛」去酬勞番兵呢？回紇乃大掠長安，盡擄「子女玉帛」而去。被回紇所擄去的「子女」，恐怕連洗「一盆清水」也沒有機會呢！

朋友，我們要記著，所有搞獨裁專制的獨夫政權，沒有一個是把老百姓放在心上的。這些英雄好漢大都起自民間，出身於被壓迫階級。可是他一旦翻了身，其狠毒、其腐化、其墮落、其製造被壓迫階級而奴役之的劣行，往往百十倍於原先的壓迫階級。本來嘛！中國資源有限，少數人要腐化、要享受，則多數人就要被壓迫、被奴役——不管這些新的統治者，打的是什麼旗幟，叫的是什麼口號啊！

東王的聲色之好

以上所說是壯麗的天王府和後宮。現在再看看被許多歷史家捧上天的東王楊秀清的排場。楊秀清（一八二三～一八五六）原是廣西桂平縣裡一個不識字的燒炭工。但是此人有軍事天才。當太平軍永安突圍時，秀清才二十八歲，已經是實際的革命軍總司令了。奠都南京時，洪秀全（四十歲）原是虛君；秀清（不足三十歲）已是全朝人權獨攬的宰相。

但是秀清究竟是個不識字的老粗，「有雄才而無大略」（引張學良評張作霖語）。一朝得志，便發起燒來。進城以後，他至少有老婆（她們叫「東王娘」）六十餘人。

【附註】東王在一八五六年爲北王所殺。同時被戮，在後宮殉夫而死的有美人五十四人。至少還有幾個倖存者嘛！所以筆者估計，他老婆至少有六十人。北王殺東殿後宮，著重在斬草除根（有孕者必殺）。少數無孕者可能被擄或潛逃，見下節。

縱使是沙烏地貴族、印度酋長，有六十個老婆，也應該滿足了。可是我們的東王卻偏偏看中了天王後宮的四位佳麗：朱九妹（姊妹二人）、石汀蘭（石達開的姊妹）和楊長妹（他自己的姊妹）。為爭奪這四位美女，在一八五三年冬季，距他們「進城」才不過半年時光，便弄出個「天父下凡」（附在秀清身上），要打天王屁股四十大板的怪事。——這一醜行，在佛洛依德和金賽博士的書裡，都可找到正確的解答的。

個人的性心理，影響到團體的政治行為，而終於禍延國族，只是個順理成章的邏輯發展。秀清三年後弄得身死族滅，與這些個人行為上的「細行」，都是有直接關係的。以上是「進城以後」才幾個月之中，東王楊秀清這個燒炭兒，沉溺於色的小例子。再看看他在發燒中擺排場，又是什麼個氣派？下面且抄一段羅爾綱先生根據清朝官書《賊情彙纂》，對他的描述。東王爺有轎夫四十八人……。

東王每出必盛陳儀仗，開路用龍燈一條，計三十六節，鳴鉦打鼓跟隨。其次綠邊黃心金字銜牌（註：牌上寫明他的各項官銜）二十對。其次銅鉦（大鑼）十六對，用人肩挑，後飄幾尺黃旗墨寫「金鑼」二字。其次綠邊黃心繡龍長方旗二十對；其次同上色繡正方旗二十對；其次同上色繡蜈蚣旗二十對。高照、提燈各二十對，

> 雖白天也一樣的用。其次畫龍黃遮陽二十對，提爐二十對，黃龍繖（大傘）二十柄。參護背令旗（註：像京戲舞台上武將所背的），騎對馬約數十對。最後執械護衛數十人，繡龍黃蓋一柄，黃轎二乘，東王有時坐在前面，有時坐在後面，這是仿古代副車的制度，以防意外，轎後黃纛千餘桿，騎馬執大刀的數十人，更用鼓吹和音樂數班，與儀從相間。轎後也用龍燈鉦鼓。凡執事人都穿上黃下綠號衣。至於執蓋執旗的多用東王府中屬官、都穿公服。每一出府，役使千數百人，擺出十足的威風。（見羅史頁一二一四，引《賊情彙纂》卷六〈僞禮制僞儀衛輿馬〉。）

讀完這段報導文學，我們不妨閉目試思，在今日北京和台北，除了國慶和黨生日大遊行之外，哪有這種場面呢？毛澤東在文革時代發燒，其場景或有過之，那也只是偶爾一次。哪能像東王楊秀清「每一出府」，都來這麼一下呢?!

再者，俗語說：「一雙象牙筷配窮人家。」牡丹雖好，怎能沒有綠葉扶枝？東王「出府」如此；那麼「住府」的規模，豈不更闊哉！事實上太平天朝，政出東王。東王府的排場不在天王府之下，實權則猶有過之。

渣滓普羅的王洪文和楊秀清

有如此實權的東王，每次出府，在轎前轎後，都要玩兩個三十六節的大龍燈，算啥名堂呢？朋友，這就是「知識」(knowledge)與「趣味」(taste)的等級問題了。知識高者，趣味隨之上升。知識低者，則趣味也隨之降級。國人叫做「低級趣味」；西人叫做poor taste是也。

毛澤東把劉少奇打爲「工賊」。其實劉少奇是個搞工運的士大夫，非工賊也。像王洪文那種人，才可以叫工賊。他是確確實實的工人，但是在廠內他卻不是勤勤懇懇、努力生產的好工人。他是個調皮搗蛋、無事生非、裡戳外搗、上拍下壓的搗蛋鬼。但是這種人往往是領袖人才，善於活動，長於組織。一旦時來運轉，工運爆發，他們就會乘直升機，扶搖直上。

工人如此，農民亦然。毛澤東在湖南搞農民運動時，他最欣賞的一些什麼「打爛傘的」、「穿破鞋的」……(見〈湖南農民運動考察報告〉嚮導版。《毛選》中被刪去)都是這種人。毛的馬列水平甚低，他把這種馬克思所說的「渣滓普羅階級」(lumpenproletariat，原文爲德語），誤爲普羅的主力。因爲只有這種渣滓才能幫他在農運中抓權。這一不幸，一直延長到「解放後」。在中共土改期間，受難最大的大地主固罪有應得，可是「貧、下中農」之外的善良的小地主、自耕農、富農、上中農、中中農，也被他們鬥得家破人亡，實在是人類社會史、道德史、政治史上最大的「社會不平」(social injustice)。

馬克思的警告之外，搞資本主義民主政治的盧梭說：「有權力者，如不加以限制，無不濫用其權的。」他的後輩韋伯說：「無限制權力，無限制腐化。」都是根據實際觀察的結論。

馬克思主義是人類智慧的重要結晶之一。但是搞它個一知半解，便從而專政之，那就是人類歷史上最大的悲劇；如果政權再抓到渣滓普羅手裡，那就更要火上加油。其爲害實有甚於封建，不信且看四人幫。

諸位試思：如果王洪文做了東王，他會不會玩這兩條大龍燈、討五十四位太太呢？——洪文不會嗎？

但是周恩來如果做了東王，他會不會呢？你把老周殺掉，他也不會搞出這種bad

taste來也。朋友，這就是中國傳統的士大夫（今日的「高知」），和渣滓普羅之別也。渣滓普羅再加個動不動天父（上帝）、天兄（耶穌）就要下凡的洋教邪門，那就更弄得非牛非馬，四像四不像了。洪楊這一來，就把傳統中國士大夫如曾左李胡（和他們的幕友文案）和西化高知（如容閎），通統趕入敵營，來和他們作對。

中國自古以來的朝代，都是無賴和流氓打下的。但是「起朝儀」訂制度，卻有賴於高知。所以一群無賴如搞帝王政治，那就要「與士大夫共治天下」，作士農之首（毛主席不是說「你怎麼也少不了他」）！如搞西化政治，那就要「轉」農業爲工商，自作工商之主。洪楊二君那時還只能搞點「立主定國」的傳統政治。而搞傳統政治卻少了個「他」，其不敗何待？

知識分子的杯葛

憶幼年讀《古文觀止》，背誦王安石的〈讀孟嘗君傳〉，至今不忘。王安石批評那位專搞渣滓普羅的孟嘗君的話，實在極有道理。王說：

> 世皆稱孟嘗君能得士，士以故歸之；而卒賴其力，以脫於虎狼之秦。嗟乎！孟嘗君特雞鳴狗盜之雄耳，豈足以言得士？不然擅齊之強，得一士焉，宜可南面而制秦，尚何取雞鳴狗盜之力哉？夫雞鳴狗盜之出其門，此士之所以不至也。

洪楊二君在基本上是次於劉邦和朱元璋的草莽英雄。他們需要張良、陳平、劉基、房杜等知識分子爲他們來出謀策畫。不幸他們卻爲清末中國知識分子所徹底杯葛。然考其實，非知識分子杯葛洪楊也。洪楊「反知」(anti-intellectualism)而自食其果也。諸位就看看東王爺那兩套大龍燈吧！哪個有修養、有學問、有taste的知識分子，張良、陳平、諸葛亮，周恩來、容閎……吃得消那一套呢?!

縱談那項有反清復明意義的「長毛」吧！長毛非洪楊故意「蓄髮」以對抗「薙髮」也；那也是深山區少數民族，貧窮落後，尚未進步到經常理髮修面之現代文明呢！英人密迪樂訪南京（見上篇）時就遇到很多「小苗子」。他們十分驕傲地說他們的頭有「原始長毛」。換言之，也就是他們自十幾二十多年前出生之後，一輩子未理過髮。

洪、楊二公生於十九世紀西風東漸下之中國，卻要保留這個落後的習俗以爲革命象黴。在一個經常不理髮、不修面的生活條件之下，試問讀者諸公和在下，吃得消否也?!所以在長江流域被捲入長毛區的漢族男士，一旦脫離長毛，第一樁事便是剃頭修面。安全考慮固屬第一，另一則是衛生上的要求。理髮之後，無不有「還我頭顱」之感。——吾人讀過十數家清人類似的筆記，縱使是親洪楊者，亦有相同描述也。

至於洪楊諸公所炮製的那些天父天兄「下凡」的「詔書」，其荒誕固無待言，其鄙俚之辭，亦酸人骨髓——哪個張良、陳平、王安石、周恩來……吃得消呢?眞是「夫雞鳴狗盜之出其門，此士之所以不至也」！

靠工商業打仗的小朝廷

沒有知識分子來爲二公出謀畫策，而二公又不願依樣畫明、淸兩朝之老葫蘆，那他們的政治設施就愈來愈走樣，愈沒章法了。

第一，洪楊沒個中央政府。洪塾師熟讀四書五經。根據《周禮》，他搞了一套王國官制來。官分爵職而以爵爲大。「爵」自天王以下有諸「王」（最尊者有東西南北翼五王，世襲罔替）。

王之下爲侯。其後王、侯之間又加義、安、福、燕、豫五等勳爵，以賞有功。

官職則文武不分，最高者爲丞相。其下有檢點、指揮、將軍、總制、監軍、軍帥、師帥，旅帥、卒長、兩司馬（排長）。丞相分天、地、春、夏、秋、冬六官，各有正副，共十二級。其他官位亦各有正副，乃至「職同」（如國民黨軍中文職什麼同上校、同中校等所謂「軍簡一階」、「軍薦二階」等等名目）。其後官爵混淆，又弄出些什麼「義上王下」的天將、朝將、神將來。

其實天朝是沒個可行的制度的。「天王」這個國家元首，似乎是個虛君制。按《周禮》稱「王」，不稱「帝」。看來又像倫敦的英王。但他有個六官丞相的中央政府，卻沒個首相，因而六官丞相皆有位無權。

眞正在中央大權獨攬的是東王，而東王則與中央內閣無關。他有他自己獨立的行政系統，一般稱之爲「東殿」。「東殿」之內自有六官丞相，分掌國政。東殿甚至可以單獨舉行「科舉」，名曰「東試」。一八五三年東試秋闈的題目叫「四海之內有東王」。所以「東殿」實在和國民黨時代的「委員長侍從室」，和共產黨時代的「林辦」，差不多性質，只是權力更大得可怕罷了。

洪楊合作時期的太平天国一直是軍事第一的。所以天朝行政一直也是軍政不分的。因此太平政制第二要項值得一述的，是它沒有個地方政府的制度。南京事實上只是個堡壘、軍營。紥在孝陵衛的清軍「江南大營」距朝陽門（今中山門）只數里之遙——筆者在南京當中學生時，乘公共汽車，兩站路也。所以洪楊的天京日夕皆可聽到砲聲。只是清軍十分窩囊，連朝陽門一塊城磚也打不掉。

太平軍在蘇浙皖贛鄂諸省所佔領的其他城鎮，很少佔領過三年以上的。所以它沒有多少「地方」需要治理，因此也就沒個「地方政府」了。中外史家歷來所謳歌的所謂「天朝田畝制度」，事實上這宗社會主義的土改方案，只是個無名氏的紙上作業。和孫中山先生的「建國方略」一樣，一天也沒有施行過。至於在解放區暫行徵稅辦法，太平軍所實行的制度，還是最簡單的老辦法——「照舊完糧納稅」。——他們搞不來什麼「三三制」呢！

可是太平軍打仗，動輒十萬八萬人，軍餉哪裡來的呢？上引史學權威郭、簡、羅諸前輩，都未能說服我，有關太平天国的財政問題。

在五〇年代末期，有一次我和適之先生談到「紅學」上有關「江寧織造」的問題。

胡先生說，江寧織造曹寅是內務府的採購官，同時也是康熙爺的特務，在江南打統戰。余不謂然也。

我認爲明清兩代的「江寧織造」，是和漢代的鹽官、鐵官，唐宋明的絲官、瓷官、茶官，與民國時代的菸酒專賣一樣，是一種替朝廷撈銀子，與民爭利搞「國營企業」的商務官。誰知這一「大膽假設」，一經「小心求證」，竟不出所料。它不但爲「紅學」、「曹學」開了個新渠道；它對治太平史者，也提供了新的「煙絲披里純」。

洪楊割據東南，內戰打了十餘年，絲茶之功不可沒也。——「太平天国」實在是中國內戰史上，第一個靠工商業打仗的小朝廷啊！這也是「轉型」期中特殊的歷史現象之一吧！

經營絲茶，禁絕鴉片

若論絲茶貿易對太平天国的關係，專書也、博士論文也，豈可輕碰？然既已提及，則不妨三言兩語爲讀者略陳之。

蓋十八、九世紀中我國對外貿易，一直是鉅額出超的。歐美原先運來者只是整船整船的白銀，而我們出口的則是大量的絲綢、瓷器和茶葉。可是這一出超貿易至鴉片戰前，突然逆轉，因爲英商東印度公司在印度和土耳其發現了鴉片。他們可以無限制供應，我們也可以無限制內銷。因此我國順差外貿，頓成逆差。迨兩次鴉片戰後，西人可公開對華販毒，這一來黃河決口，煙毒氾濫，我們就不成個國家了。

可是我國財富集中在東南長江三角洲；外貿的死結則全在鴉片。一旦能把鴉片根絕，則外貿便頓成順差，黃金白銀自會滾滾而來。以我東南人才之鼎盛，資源之豐碩，「四小龍」何足道哉？果然一八五三年天王定鼎金陵，徹底禁煙。據祁寯藻著《賊情訪問記》所載：「賊（太平軍）禁食旱煙、水煙、潮煙。有吸鴉片者立殺。」長毛殺人，可不是講著玩的啊！所以東南煙毒，一時皆絕。

鴉片既絕，而絲茶出口如常。時不旋踵，我長江下游外貿，頓成出超。斯時湘淮軍尚未出現；洋人務利，也正在觀望，爲向交戰雙方發戰爭財，且幫同維持秩序以增加貿易。黃金白銀漫天飛來，也大大地刺激了絲茶的生產與出口。一時生意興隆，長江下游竟成後來四小龍之鼻祖，出口陡增。

前文已言之，洪楊入南京之後，把百工技藝，按性質編入「百工衙」和「諸匠營」

。「把生產資料收歸國有，廢除了生產資料私人占有制，以手工業國營的形式，代替手工業工人個體生產……」（見羅著前書頁八三九）。在這些百工衙、諸匠營中，洪楊搞得規模最大、最成功的便是製絲綢的「織營」和「機匠館」了。

南京在歷史上原是「海上絲路」的起點。在洪楊入城之時，城內有織機五萬架，幾乎有半城居民靠其爲生。長毛現在把它集體化，全城成爲一大國營工廠。廠內工匠數萬人都加以軍事管理，分編爲五軍，官長俱以本地人充之。因爲這是純技術性的工作，長征老幹部，外行不能領導內行也。（見張汝南《金陵癸甲摭談》）

據說這個偉大的工廠從構想、設計到執行，實由一位漢口綢緞商吳復誠一手搞起的。他城破時在金陵，乃通過一個有免死特權（長毛北竄長江時有「兩廣人不殺」的默契）的粵人葉秉權，說動丞相鍾芳禮來主持實行的。這所偉大的國營工廠既然是太平朝國庫的主要收入，則朝廷對本廠的兩萬機匠，免兵役、減稅捐，也特別優待。因此該廠亦成爲本城富商士紳的避難所，故頗爲人知也（見簡著前書，頁五〇八～五〇九及所引雜書）。

所以當年湘淮軍中都知道長毛有錢而缺糧。試看天王東王的大興土木、討姨太、擺場面，在在皆是暴發戶的作風，錢哪兒來的呢？原來他們也有個像資本家榮毅仁的綢緞大王吳復誠，在替他們打算盤囉！他們搞工商業和外貿，搞出了興趣和經驗來，其後虎踞蘇州的忠王，坐鎮常州的侍王，都大搞經濟，大興土木，而黃金白銀硬是揮之不去。——筆者聞諸深知淮軍的老輩鄉人說：當淮軍打下蘇州，進入忠王府時，只見府內後花園中竟堆了幾座銀山，「高與屋齊」。李鴻章也曾親自進入忠王府視察，驚嘆其華麗，直如仙境。至於這幾座銀山後來哪兒去了，他就三緘其口了。

禁鴉片是與虎謀皮

長毛有錢是事實。但長毛的軍紀也有足多者。全軍不煙不酒，不淫婦女，不姦小弟；動不動就斬首不留，給老百姓的印象，是「殺以外無他法」（其實亦有「他法」，只是不如砍頭那樣乾淨俐落罷了）。加上上下篤信宗教，確守「天條」（仿諸《舊約》中的摩西「十誡」）。「早請示、晚彙報」，最初眞是紀律嚴明，秋毫無犯。在一批軍事天才領導之下——包括晚期的忠王李秀成和英王四眼狗陳玉成——眞是戰無不勝、攻無不克。他們與鬆散窩囊、軍紀廢弛、鬥志毫無的政府軍——八旗軍和綠營兵相比，實在是判若天壤。

〔**附註**〕旗軍爲滿清政府駐防各地以旗民世襲爲主的職業性國防軍。綠營則爲各省徵募的省防軍。

由於太平軍十分精銳，洪楊在南京「進城以後」，派兵東取鎮江揚州，西征安慶九江武漢，無不得心應手，足使千里長江（上達武漢下及吳淞），終成爲天朝內河。

其北伐兵在李開芳、林鳳祥兩將率領之下，北上皖豫，最初也勢如破竹。

當然紀律森嚴的太平軍，亦有其意想不到的君子之失——他們嚴禁鴉片，又誰知這項愛國行爲，竟成爲天朝覆滅的最重要的原因之一呢？前已言之，鴉片原是十九世紀扭轉我國國際貿易順差、逆差之關鍵商品。而當時所謂國際貿易者，對英貿易也——英商佔中國對外貿易額的百分之七十以上；航運則九十以上也。轉中國對外貿易從逆差至順差，則首受其殃者何人不言可喻也。所以英國絕不能容忍中國成個禁煙國家，而洪楊諸公偏要禁之，則戈登將軍，及其常勝軍之出現，又豈是歷史上之偶然哉?!

天眞的羅爾綱教授在其大著上時時惋惜，太平軍未能配合劉麗川的小刀會打下上海，趕走帝國主義（見羅書〈李秀成傳〉等篇）。帝國主義是那樣容易被趕走的嗎？一代賢豪的林文忠公都丟盔卸甲，老塾師洪秀全有啥除洋的神通?!洪楊欲覓外援，就得與滿清競抽大煙。洪楊如禁煙到底，則英帝就要把你剿滅到底。英國是老虎；鴉片是虎皮。與虎謀皮，哪有不被老虎吃掉的呢？

果然英國在一八六〇年燒掉圓明園，打贏了「第二次鴉片戰爭」（The Second Opium War，也叫The Anglo-French Chinese War，英法聯軍，1858～1860），簽訂了〈北京條約〉，取得了對華一切特權，包括對鴉片毒品的公開合法販賣。逼死了咸豐爺之後，他就要調轉槍頭來對付那個糊塗蟲洪天王了。

壟斷海外漢學界對清季外交研究的哈佛學派，一直高唱「鴉片戰爭不是爲著鴉片打的」(The Opium War is not for opium)。如今費正清先生雖已作古；我還想正告費公的門徒們一下，不但第一次「鴉片戰爭」是爲著鴉片打的，「第二次鴉片戰爭」還是爲著鴉片打的呢！（參見拙著*United States Diplomacy in China*. Seattle:University of Washington Press, 1964. p. 232.）不信你再查查中國海關帳目；研究研究常勝軍的來龍去脈。只是這些事只能爲知者言。洪天王那批鄉下哥兒們，哪裡知道呢？

稱王太早，聖靈亂封

太平天国在洪楊領導之下的軍事和工商業經濟，搞得都還不錯，所以他們「進城之後」還能搞出個像孫權那樣的東吳割據之局——其後石達開領兵去四川，也是想去做劉備去的。

可是洪楊所領導下的政治再夾雜著一個二百五的洋教邪門，那就一塌糊塗了。

朱元璋當初造反時，頗能禮賢下士。所以還有個舉人朱升給他一點忠告，叫他：「高築牆、廣積糧、緩稱王。」

洪秀全在政治上犯的第一個嚴重的錯誤，便是「稱王太早」。他還不過只有嘍囉二三千人的時候，在永安他就稱起王來了。他不但自稱天王號萬歲，他底下五個王——東西南北翼，也分別成了：九千歲、八千歲、七千歲、六千歲和五千歲。

這一來不得了，不但他自己不能再有心理上的滿足：他底下那個連環套也不能再升了。設若那個文武雙全的五千歲翼王石達開，忽然建了個三箭定天山的不世之功，要升官了，他的上級跟著升。別人猶可，東王就不能再升：一升升到「萬歲」，搞成天有二日、民有二主，那還得了?!

再者，在他們的宗教裡面，可能是由於洪氏對耶教神學之無知，他把楊秀清封至高於他自己一級。楊在教裡的頭銜是：「禾乃師、贖病主、聖神風、勸慰師……。」其中尤其是聖神風這個神位在耶教「三位一體」(Trinity)的教義中，祂是和上帝與耶穌同列的。

三位者，聖父（上帝，Father）、聖子（Son，耶穌）、聖靈（Holy Spirit or Holy Ghost）也。而「聖靈」在《聖經》的早期譯本中被譯爲「聖神風」。秀全不識西文。只對中譯的「風」字望文生義，誤以爲「聖神風」只是個資深傳教士，或「風師」、「雷公」一類的東西。因此把這個神位頒給楊秀清了。其實在教義中，「聖神風」是上帝一神三體中之一體，非比尋常傳教士。正如佛教中的「千手觀音」、「千眼觀音」之化「身」，不能與一般尼姑同列也。

其後當洪教主與西方傳教士爭辯教義時，他還是堅持他自己的解釋，並舉例說：他也曾封翼王石達開做個「聖神電」（雷公？）呢！至於聖神電在耶教的神學裡算個什麼東西，他就不管了。——他認爲他是可以修改《聖經》的。

可是楊秀清既有此頭銜，自認爲「聖靈」，並可以代上帝天父傳語，一切都在天王之上，他就要取代天王爲教主了。

在政治實力上和宗教理論上，楊秀清都覺得是篡位的時候了，果然這齣滑稽劇，便在他們「進城」後的第三年一八五六年的夏秋之交，就上演了。

我做萬歲，你做萬萬歲

一八五六年是太平天国十四年的歷史上比較光輝的一年。是年六月，在翼王石達開、燕王秦日綱、丞相陳玉成、李秀成通力合作之下，太平軍一舉攻入向榮的江南大營，解了歷時三年的天京之圍。向榮未幾即羞憤而死。

東征的太平軍據守揚州鎮江亦固若金湯。西上的太平軍此時也打下漢口和漢陽，武昌亦在圍攻之中。南下略地的太平軍，深入江西，也不無戰績。這時他們的北伐軍雖然已被打得全軍覆沒，但是對這群在小天堂享福的太平王和高幹，那是太遙遠了。不但對他們個人享受無關痛癢，對他們東吳這個割據小王國也沒有威脅。——國無外患，內憂就應時發生了。

關於「太平時，王殺王」的「天京事變」，當時中外人士都有很多大同小異的記載。作個綜合報導，故事大致如下：

在向榮死於八月九日的消息傳入南京之後，東王極為驕傲，認為是他一人的功勳，便心存篡竊之異志。為藉口西線緊急，遂悉調北王韋昌輝、翼王石達開等要員，趕赴前線督師。天京後方就只剩天王和他自己了。一日東王詭稱「天父下凡」，召天王至東府，由天父對天王說：「你與東王均為我子。東王有咁（這樣）大功勞，何止稱九千歲？」洪說：「東王打江山，亦當是萬歲。」天父又問：「東世子（東王的兒子）豈止千歲？」洪說：「東王既稱萬歲，世子亦當是萬歲；且世代皆萬歲。」天父大喜說：「我回天矣。」

據說天王既答應東王稱萬歲之後，卻反問一句：「四弟……萬歲之稱，久宜順天應人，顧將何以處我？」東王說：「二哥當稱萬萬歲。」洪佯喜。二人乃決定在下月秀清生日時（一八五三年九月二十三日），正式晉封。

洪氏還宮後，一面調動宮內女兵防守皇城，以防東王偷襲；一面送密詔致在長江上游督師的北、翼二王，迅速返京，勤王護駕。翼王較遠，歸來需時，而北王較近，乃率銳卒三千，星夜乘船趕回南京；九月一日夜遂捨舟登陸，潛入城內。他是否曾入天王府與洪密議，不可考。但知他當夜便夥同燕王秦日綱，攻入東王府，其情況可能像「西安事變」，於半夜中出其不意也。

有人記載說秦日綱直撲東王臥室，見東王沒一話便當胸一刀：「刃出於背」。東王既死，他們乃殺盡東王府男女數千人，其中包括東王娘及妾侍五十四人。天明後，他們更用軟硬功夫遍捕「東黨」。一日一夜被屠殺者兩萬餘人。其中著紅衣黃袍的高幹，不計其數。全朝掌政之幹部菁英，一時俱盡！

東王死後，北王一不做、二不休，乃大開殺戒。以搜查東黨爲藉口，大捕異己。南京城內被殺得鬼哭神號。而殺人最殘酷者則爲太平軍中之童子軍，蓋亦如毛澤東之紅衛兵、造反派，以虐殺爲笑樂也。

結果東王之篡竊未遂，而北王之叛亂反成事實。東王死後約十餘日，翼王始自武昌前線，趕回南京。他晤北王之後，大感恐怖，夤夜縋城逃去。北王捕之不及，乃索性正式叛變，攻打天王府。所幸此時忠於天王的幹部和將士仍多，他們乃夥同東王餘衆向北王反攻。北王不敵，終死於亂軍之中，結束了這一場「王殺王」的「天京事變」。

東王、北王皆死之後，當年首義老幹部，唯翼王僅存。秀全乃召石達開回朝輔政。可是太平天国經此「浩劫」之後，人事全非。洪氏兄弟開始當政攬權。石達開懼誅，乃再度縋城逃命。

翼王一去，太平朝中除天王之外，首義領袖就無一孑遺了。

＊原載於台北《傳記文學》第六十三卷第三期

五、兩次「長征」，兩番「寸磔」

發生在一八五六年九月的長毛「王殺王」的「天京事變」——北王殺東王、天王殺北王；天王又要殺翼王，翼王縋城逃走，太平天国分裂——是殺得夠慘了，但在三千年國史上，並不算什麼例外。君不見劉邦殺韓信、彭越？李世民殺哥哥弟弟？朱元璋殺盡功臣？康熙爺平三藩？乃至我們及身而見的毛主席殺高（崗）、饒（漱石），迫林彪，囚彭德懷、賀龍乃至劉少奇、陶鑄等無數功臣（他們死得比殺頭還慘呢）。

筆者曾於五、六〇年代之間，在課堂裡告訴學生：在中國三千年的政治史中，不殺功臣的只有北宋和中共兩朝。在宋朝，趙匡胤來個「杯酒釋兵權」，便把問題解決了。

毛澤東更偉大，他叫陳毅去辦外交，賀龍去打桌球，連一杯酒也不用喝，眞是聖主明君也。——誰知言之過早。後來史實證明毛公比他的前輩們更窩囊！朱元璋等只殺殺高幹，尚未殃及無辜人民。而毛氏爲著殺功臣，竟驅趕億萬無辜人民與小吏去陪斬，那實在是王小二過年了。

可是在三千年「殺功臣」的公式中，表演得最下流、最無知的還是長毛這一窩起義的農民領袖呢！——他們並沒有像毛主席已「打平天下」呢？他們「進城以後」才三年嘛！就等不及，互相砍殺起來，把個極有希望的革命政權，砍得稀巴爛，而同歸於盡。

由主動割據到被動圍剿

前文已言之，太平軍興起的前三年（一八五一～一八五三），原是一股流寇。這股流寇如學學闖王李自成，傾巢而出，不顧一切，一鼓作氣，便把北京打下，坐上金龍殿，再號令全國，傳檄以定：那時他們是做得到的。——這是所有太平史家，包括筆者自己，都一致公認的。不幸這群來自兩廣的貧苦工農和三家村教書先生，誤認爲「北方沙漠苦寒」，直隸（今河北省和北京市）是「罪隸之省」，太遙遠了，太苦了，引不起他們的興趣。他們遠在金田、永安時夢幻中的「小天堂」，便是六朝金粉的金陵南京。三月江南的眞天堂、大天堂之迷人，是出乎這些貧農領袖們想像之外的。一旦到了天堂，他們就沉不住氣了——「得此已足」，其外還要什麼呢？遙望那沙漠苦寒之地，就放它一馬，由它去吧！

「北伐燕都」呢！就騙騙人家，騙騙自己，派兩員偏將李開芳、林鳳祥帶幾千人馬北上，試試他二人的運氣吧！萬歲爺（洪）和九千歲（楊）乃至六千歲（韋）、五千歲（石），也不用親自去辛苦「長征」了。

讀者們知道嗎？在洪、楊奠都南京之後，他二人派出攻打北京的「北伐軍」的基本部隊，只略多於洪、楊在南京「每次出巡」的儀仗隊呢！——豈非開玩笑哉？

沒有闖王的志氣也就罷了，他們之好色，卻不下於李自成和吳三桂。李、吳二人爲著個蘇州小婊子（「吳中名妓」）陳圓圓，弄得清兵入關，顚覆了漢家社稷。洪、楊二人也爲著幾個小美女，弄出九千歲要打萬歲爺屁股的鬧劇，最後鬧出個「天京事變」來。

洪、楊之奠都南京，雖然是失去了他們改朝換代的天賜良緣，但是他們虎踞金陵，掌握了物阜民豐的長江下游，猶不失爲一種地方軍閥之「割據」的局面——緩圖「二期北伐」（像國民黨分共以後的做法），仍然未始不可爲。可是內部「打屁股」、「王殺王」，石達開再搞個「寧漢分立」，所謂太平天囯就「割據」不成了。割據不成就變成清軍「圍剿」、太平軍「反圍剿」的形勢。這一反主動爲被動的形勢之形成，太平天囯之消滅，就成爲歷史上的必然了。蓋一次圍剿失敗，還有二次嘛！二次不成，還有三次、五次嘛！韓文公在潮州圍剿「鱷魚」，對鱷魚說：「三日不能至五日，五日不能至七日，……」你鱷魚可得小心，天下哪有攻不破的堡壘？太平軍在三、五次圍剿與反圍剿之後，終於不敵。天京就被曾九帥攻破了。

二十八歲的北伐軍統帥

太平軍之反圍剿，固然解決不了根本問題，而清軍之圍剿，當然也吃盡苦頭。最倒楣的自然還是老百姓。

拙作前篇已一再言之。太平天国的政教實無足言；而長毛的武裝鬥爭，卻頗有足多者。讓我們再回頭看看，李開芳和林鳳祥所領導的孤軍北伐，那一段可泣可歌的故事。

太平軍北伐燕都之失敗，實在是出發之前就已決定了——因爲中央統帥部對北伐一事，簡直是以「敷衍公事」態度出之。洪、楊那時正忙於在南京整理和享受其暴得大利的成果。對北伐一事，似乎只是俯順急於立功的軍心，而敷衍敷衍的。

先看看他們北伐軍的人數：

郭廷以、簡又文二史家都認爲太平北伐軍有數萬人乃至十萬人之衆，這是誤估了。太平軍自武昌東下時，實力不過七萬五千人（號稱五十萬）。一八五三年三、四月間打下南京、鎭江、揚州時，兵分三路。主力在南京由東王、北王直接指揮，面對向榮的江南大營。

鎭、揚二地的太平軍則由「冬官正丞相」羅大綱，和「殿前左五檢點」吳如孝所統率，面對清軍由琦善、勝保所建的江北大營。而洪、楊於一八五三年五月倉卒組成的「北伐軍」，則是從揚州前線抽調下來的。其人數不可能有「數萬人」。

據清朝官書，太平軍「自揚州逸出」的不過千人。其後附義的、裹脅的加起來不過萬人。

據羅爾綱教授的估計則爲兩萬二千五百人。羅的估計似乎是較爲接近事實的數字。

讓我們再看看太平北伐軍的統帥們：

羅氏認爲北伐軍的統帥是「天官副丞相」林鳳祥。鳳祥這時才二十八歲。十年前他還是廣西桂平縣山區裡的一個不識字的小放牛（讀者可參閱「鳳陽花鼓戲」裡那位善於唱歌的「小放牛」）。永安突圍之後，這位小放牛勇敢善戰，幾乎每月一升。至是官拜「天官副丞相」。再升一級成爲「天官正丞相」，就是「王、侯」之下的「極品」了，但是還不是王侯。——太平軍佔領南京之後，把整個南京城改建成「中南海」，爲中央首長的住宅區。其中「王府」處處，「侯宅」不太突出，「丞相第」就較嫌寒磣了（關於太平朝天京王府的分佈位置，可參閱郭毅生主編《太平天国歷史地圖集》，一九八八年北京地圖出版社出版，頁五九～六二）。官拜丞相自然都是急於立功的。

可是清朝官書和簡著太平史，則認爲太平北伐軍的統帥是「地官正丞相」李開芳。開芳爲避翼王石達開的「開」字諱，又叫李來芳。他是廣西鬱林人。在打下南京之前，已官拜「地官『正』丞相」。這個位置較諸「『天』官副丞相」，哪個大呢？——我看長毛自己也搞不清楚，所以歷史家就要爭辯了。

其實這可能是東王的詭計，故意搞他個「兩頭大」，以便分而治之。——朋友，那位被共軍所俘而自殺未死的杜聿明將軍，不也說「淮海戰役」（或「徐蚌會戰」）時的邱清泉是被派去監視他的嗎？

洪、楊那夥草莽英雄在得意之時，都把革命勝利看得太容易了。早期國、共兩黨的領袖們，也犯有同樣的毛病——太輕敵了。在李、林二將率軍北伐時，太平朝上下都是充滿自信的。他們認爲一旦眞的把北京打下，那麼「先入關者」一人爲王，就不如「兩將爭功」之容易駕馭了。這可能就是李、林兩頭大的基本設計。至於李、林以下，其後與二人同時封侯的吉文元、朱錫錕、黃益芸的故事，限於篇幅，就不再嚕嗦了。

「過河卒子」的北伐之戰

現在再讓我們檢討一下，他們北伐的戰略和戰術：

簡言之，太平軍這次北伐所用的戰略和戰術，還是他們年前自永安突圍，北竄武漢的老套路——流寇式的鑽隙前進。沒有後方，沒有補給；就地裹脅，沿途徵發；得城不守，順民不殺；堅城必圍，不破則捨，攻破必屠。「過河卒子，拚命向前」，義無反顧……拖死追兵。

爲避免與江北大營及傳聞中南下的清軍作正面突破，李、林北伐軍是於一八五三年五月初旬，繞道浦口，軍分三路，先後北上的。對手方的清軍這時也按他們的旣定公式，由江北大營派兵堵截；江南大營派兵尾追。——一時前進者，豕突狼奔；尾追者，更是姦擄焚殺。可憐身在戰區的黎民百姓，就慘遭浩劫了。

那年代是清朝末季。江淮一帶，久遭天災人禍，早已民不聊生，盜賊橫行，人心思變。而這時太平軍江南新勝，銳氣正盛，美譽方隆。一旦北上，當地災黎，眞有久盼王師之感。因此，失業工農參軍如潮。尤其是原已潛藏民間，早有組織的「捻（練）黨」及「白蓮教」殘餘，更是英雄豪傑，聞風而起，附義如雲。一時軍威大振。——此時太平首義「五王」如有一人前來領導，這把野火，一陣風便可吹覆北京。不幸這批長毛領袖貪戀「六朝金粉」，不肯百尺竿頭更進一步而坐失良機，足令讀史者爲之扼腕也。

太平北伐軍原可自蘇北、皖北循今日之津浦線直撲山東直隸（今河北），然終以主力太薄，無力亦無膽作正面突破，乃迂迴自安徽滁州、鳳陽、蒙城、亳州而竄入河南陷歸德。北伐軍本擬自歸德之劉家口渡黃河北上，無奈時值盛夏，河水暴漲，民船爲清軍燒燬，北渡受阻。李、林大軍乃捨歸德，西向圍開封掠鄭州，進陷滎陽、汜水、鞏縣。

在鞏、汜河邊，太平軍擄獲少數運煤船，乃於六月底揮軍北渡。孰知全軍方半渡，河南清軍的追兵已至，半渡太平軍乃被截成兩段。

已北渡的太平軍乃繼續前進，陷溫縣，進圍懷慶府（今河南沁陽縣）。累攻不克，與清軍膠著至三月之久，始捨懷慶，鑽隙自太行山側，羊腸小徑，西竄入山西，陷垣曲、克絳縣、曲沃、平陽；進陷洪洞（京戲裡「蘇三起解」的地方）。自洪洞分兩路再轉向，鑽隙東進，乃直入直隸，威脅保定，震動北京了。

當時北渡不成之太平軍，則自許昌、郾城，自東邊繞過信陽，再東南轉黃安，循大別山西麓，經麻城、宋埠，返入皖境與在皖之太平軍合流，亦疲憊不堪，所餘無幾了。

至於六月底渡河被截之兩路太平軍，究有多少人馬，說者異辭。北渡太平軍有說爲八萬餘人（見《盾筆隨聞錄》），顯爲誇大之辭。實數蓋在兩、三萬之間。南歸之太平軍人數，清朝官書記載不過數百人。實數蓋爲三、兩千人；而史家亦有記爲兩、三萬人者。傳聞異辭，終難知確數也。

從天堂打入地獄

太平軍此次北伐，在戰略戰術上，都犯有極大的錯誤。第一，以流寇方式，鑽隙流竄，得城不守，不要後方，就地裹脅，這一傳統辦法，自永安打向南京，是十分靈驗的。因爲那是從地獄打向天堂——倒吃甘蔗，愈吃愈甜。軍心愈打愈振，裹脅也愈來愈多。終於攻入天堂。

從南京向北打就不一樣了。古語說：「寧願向南走一千，不願向北走一天。」我國的自然環境是南富北貧。從東南經皖北豫南打入山西，朋友，那就是自天堂向地獄邁進了。

如果北伐軍是以東南爲後方，挾東南財富，步步爲營，得城必守，有計畫的擴大佔領區，第次北上，自當別論。以流寇方式，向北方鑽隙竄擾，那就是自取滅亡了。

君不見，國民黨北伐期間，馮玉祥於一九二六年九月十六日在綏遠五原誓師東下（毛毛的爸爸鄧小平當時也在他的軍中），不是不逾月便佔領西安、出潼關、據洛陽、奪鄭州，何等順利。可是四年之後，馮在「中原大戰」中敗北。他又要帶他的「西北軍」

，回西北去，大家就不幹了。韓復榘、石友三，首先就拿了銀子向南京輸誠；其他將領也蜂擁而去，四十萬西北大軍就解體了。

所以一八五三年六月底，太平軍在汜水北渡黃河時，大隊半渡，小隊忽然回旆南下。他們是眞的半渡被截，還是藉口溜掉，至今還是歷史上一段公案呢！——想想看，那些留在天堂之內的兩廣弟兄、天兵天將，這時錦衣玉食，多麼享福？再看看北渡黃河吃的是難以下嚥的窩窩頭；以兩條腿去和北妖四條腿的馬隊競賽，拚其老命。兩相比較，揆諸情理，豈可謂平？——矯情畢竟只能維持短時期，天長地久，還得順從人情之常也。因此，太平軍北渡黃河之後，主觀和客觀的條件，都迅速改變了。

太平軍第二大錯是被勝利沖昏了頭腦，太輕敵了：不知彼、不知己；不知天時、不知地理；在敵人的腹心重地，打無根的游擊，不滅何待？

老實說，這時清廷的君臣，於能於德，且在太平之上。

咸豐皇帝奕詝（一八三一～一八六一）這時才二十來歲，精明強幹，勤於政務。他雖生長深宮，但對國家大政的掌握和文武大臣的駕馭，均能深得其要。余讀咸豐朝政書，深覺這位（與石達開同年的）小皇帝，並非昏君。他量材器使，觀察朝政，實遠非洪秀全這位迷信教主所能及。雖然他二人之不通「夷務」，卻在伯仲之間。

在咸豐初年奕詝所專任的武將向榮、勝保、僧格林沁，均可算是將才；洪楊革命初年在軍事上，每受掣肘，不能爲所欲爲者，這幾位滿蒙軍人之強力對抗，亦是主因之一也。無奈清室統治二百年，機器已經鏽爛，少數幹才（包括皇帝自己）終難復振。

以華南步卒對蒙古騎兵

放下主題，講兩句閒話。記得我的老師，那位高大的民族主義者繆鳳林先生，講歷史最歡喜提的便是「漢唐明」三字。他認爲這三朝是中國歷史中最值得驕傲的三個階段。其實這三個朝代論文治、論武功，哪一個比得上那個由邊疆少數民族統治的「清朝」？——只是在晚清時代，由於統治機器腐爛、轉型無能，才被許多現代史家，評成一無可取。現在滿族大皇帝恩怨已斷，公正的歷史家，實在應替我們少數民族的統治者平平反才對。

就以那些統治者的個人才能德性來說吧！滿清的「九代十皇帝」都不能算是窩囊貨呢！甚至連溥儀，都不能算是「昏君」——他是時代和歷史的犧牲者嘛！與「個人」何有？

再看看我們民國時代的總統們——從袁世凱到李登輝、江澤民——哪一位又比那十個皇帝高明多少呢？相反的看來，可能還差得遠呢！朋友，不怕不識貨，就怕貨比貨嘛！

所以咸豐爺當時所擢用的文武大員，都不算太「魯」，他管得也相當嚴格。因此在李開芳、林鳳祥二將圍攻懷慶不克，竄入山西時，在勝保等包圍之下，已成強弩之末。再東竄就變成被圍挨打的局面了。

李、林大軍於一八五三年九月中旬捨洪洞東入直隸時，華北天氣已轉寒。風沙日厲，自然環境對這些南國英雄，已構成嚴重威脅。這時咸豐革去直隸總督和山西巡撫等失職官員，而提勝保爲「欽差大臣」，專責追剿。雙方打轉，兩路太平軍終於迫近深州與保定。兩地皆爲防守北京的咽喉，因此北京爲之戒嚴，咸豐乃急調蒙裔科爾沁郡王僧格林沁的蒙古馬隊，入關「助剿」。

「蒙古騎兵」可能是世界騎兵的巔峰。古匈奴曾賴以橫行歐亞，威脅羅馬。十三世紀忽必烈亦以之征服亞歐大陸，建立了空前的大元帝國。如今咸豐不得已亦冒險調蒙騎入關，太平軍步卒，漸漸的就不是蒙古騎兵的對手了。

其實李、林二將進入直隸地區時，實力已大不如前。但是叛軍迫近，京師戒嚴，可是國內外的大新聞啊！對在南京過腐化生活，卻正在暗鬥的洪、楊來說，李、林北伐軍雖早已變成斷了線的風箏，可是捷報傳來（可能得自上海西人報章，蓋陸路早已不通也），天王、東王還是要遙加封賞，因有五侯同封的盛事——李開芳封定胡侯，林鳳祥封靖胡侯，吉文元封平胡侯，朱錫錕封剿胡侯，黃益芸封滅胡侯。（其實吉、朱二人，這時已是生死不明了。黃則於北伐中掉隊；嗣參加北伐援軍，戰敗被俘而死，但也另有異說。）

權威的太平史家和許多熱情的讀者一樣，以為太平北伐軍已迫近京畿，全國震動，該是何等大事。太平軍之終於失敗，足使許多讀史者頓足嘆息，認為是功虧一簣。——其實李、林孤軍拖曳至此，陷入風沙，已到死亡的邊緣。

朋友，在那個傳統農業大帝國面臨改朝換代的末季，民不聊生，餓殍遍地。你如能統率三、五千亡命死黨，你就可以橫行天下。茫茫大地、山林原野；青紗帳裡、煙霧叢中，何處不可存身，不可流竄？官軍究非長城，人數有限、堵不勝堵；何況他們心照不宣的剿匪策略，一向都是只追不堵的呢！——你有死士三千，儘可鑽隙前進，直迫保定、涿州，但是區區數千南國健兒，兩廣步卒，在強大的敵方勁騎追圍之下，逃生不及，還想打下北京，那就是過分的夢想了。因此李、林孤軍在打下正定、深州之後，乃掉頭東進，攻陷滄州。攻滄之役，太平軍受當地民團強烈抵抗，大憤。城破時乃將闔城軍民滿漢回居民男女老幼萬餘人，悉數屠殺。然經滄州一戰，太平軍於十月底進佔青縣、靜海、獨流、楊柳青，迫近天津城郊時，本身實力，也就走到極限，而這時清軍馬步齊來，勢如潮湧，很快的就攻守易勢了。

這時時令已進入冬季，北國大雪苦寒。孤軍久戰無功，北方附義者及沿途裹脅者，見勢無可爲，早作鳥獸散。所餘死黨，只是些南國同來的「長毛老幹部」，在風雪之下，倔處津郊三城，逐漸就陷入重圍了。

由苦守到覆滅

上節所述是一八五三年太平軍北伐，歷時半載這陣旋風的大略經過。當他們於冬季在津郊被圍時，最後被迫放棄楊柳青，只苦守獨流、靜海二據點。這年秋冬之季適值漳河氾濫，運河外溢，津郊各城鎮都被淹成孤島，攻守兩方都可以相互掘堤灌水，淹沒對方。隔水爲戰，兩方遂打成個膠著狀態，經冬相持，難有進展。

但是華北平原畢竟是清軍的老家，糧餉充裕；勝保可以調度自如。胡馬依北風，僧王的蒙古精騎，更是日行數百里，從心所欲；而被困重圍的長毛壯士，就只有死守孤城、彈械兩缺、坐吃山空了。

一八五四年二月初李、林殘部（可能尚有萬餘人），乃一面向南京祕密乞援，一面試圖突圍南歸。但是他們要以兩條腿的流竄，來擺脫四條腿（騎兵）的追擊，其困難也就可想而知了。——筆者見聞有限，然亦嘗目睹蒙族騎術表演，嘆爲觀止！馮玉祥在其自傳《我的生活》中亦有描述。中西古人記載，更是車載斗量。蒙族友人告我，蒙古婦女甚至可以於馬匹飛奔中，在馬背上生孩子、接孩子……，信不信由你！

朋友，在這一情況之下，李、林兩位司令員，要全軍各揹個炒米糧袋，來逃避蒙騎的追逼，如何逃得了？果然他們在一八五四年二月開始南逃，三月便被圍於阜城；五月份再竄入連鎮，便無法全師突圍了。二將乃分成一前一後——林率全軍殿後，在原地與僧王拉鋸攻守；李則率少數精騎突圍，入山東據高唐州築寨，最後竄至馮官屯，苦守待援。——二將再分別苦守一年而南援不至，直至人相食的程度，才被清軍於一八五五年三月，分別突破，全軍覆沒。

歷史名將的可悲下場

據官私各家記述，李、林二虎將的最後下場，是慘絕人寰的。林侯所守的連鎮是在一八五五年三月七日，第一個被攻破的，其中所餘殘卒存者僅兩千餘人。將士悉數被俘之後，獨缺統帥林鳳祥，僧王乃遍詢俘虜中之「幼童」。

〔附註〕所有革命造反的團體，其中都以幼童組織，最爲激烈、最爲忠心、最爲厲害，也最爲殘酷。中共長征時的「紅小鬼」（胡耀邦就是其中之一）；文革時的「紅衛兵」，都是這一類。——可愛的宋家毛毛，宋彬彬，改名宋要武之後，一條皮帶可以打死七條板漢，便是個突出、但並不是例外的例子。——長毛中的「小長毛」也是最厲害的和最殘酷的。天王自武漢出征南京時，那座九江名城便是一群大致十餘個十五、六歲的「小長毛」打下的。太平軍中的將領，尤其是丞相級的將領最喜歡小長毛。據《盾鼻隨聞錄》（簡又文藏鈔本）所載，太平北伐軍中「僞丞相三人，各有美童三四十人隨身伺候，繡衣紮額，宛如嬌女」（簡書頁五九七）。證諸有關太平朝的其他官私記錄，此條顯爲事實。這種軍中攜帶幼童的行爲，除軍事作用之外，極可能還有性侵犯的行爲在內。清朝官場原本是同性愛的避難所。蓋清初諸帝爲整飭官箴，乃嚴禁官吏「挾妓上任」。誰知道高一尺，魔高一丈。顯宦高官乃改蓄「男寵」。至清末民初幾成無恥士大夫（包括賄選當國的大總統曹錕）的時尚。——今日美國竟至氾濫成災。洪、楊革命之初，有宗教狂，男女分館，夫妻不許同床，厲行節慾。但是長毛階級森嚴。一旦身躋「王」位，則「王娘」就可以定額分配了。但位雖不至王侯，而官拜極品的「丞相」，卻正在男女分居，和「配給制」的邊緣，他們動輒以「宛如嬌女」的「美童」伺候，就居心可誅了。——朋友，這也是性心理學上的一個有力的旁證吧！

僧王俘獲林侯左右之幼童，據其報告，果得鳳祥於隧道之中。據《粵氛紀事》所記，這種隧道「深數十里，紆回曲折，有暗門，其上皆瓦礫榛莽，踪之不可得」云云。鳳祥原已負重傷，至是已奄奄一息。淸方恐其因傷致死，乃不等他斷氣，便凌遲處決之。

至於李開芳，他在馮官屯被僧軍重重包圍，最後只剩百餘人，乃於五月二十一日（陰曆四月十六日）率衆出降。開芳被捕受鞫情況，目擊者寫有很生動的報導：

> （僧王）單令開芳進見。（開芳）戴黃綢繡花帽，穿月白袖短襖，紅褲紅鞋，約三十二三歲。伺候兩童約十六、七歲，穿大紅繡花衣褲，紅鞋，美如女子；左右揮扇，隨開芳直入帳中。開芳僅向王、貝子，及各大人屈一膝，盤腿坐地下。總兵以下持刀環立，怒目而視。開芳與二童仰面四觀，毫無懼色，但云罰能寬貸，願說金陵夥黨來降，並求賜飯。遂開懷大嚼，說笑如常。僧邸知其叵測，飯畢遣去。又令八人（皆開芳麾下同時被俘的高級將領）進見，皆跪而乞赦，當即遣出。於是紅旗報捷……以馬隊數百，將九人押解進京，限六日解到，明正典刑。（見〈李開芳在馮官屯被擒始末〉，載《太平天國叢書十三種》第一輯。上段轉引自簡著前書頁六五四。）

開芳在北京被凌遲處死。目擊者亦有報導，不忍多錄。

爲著活捉李開芳，一舉除掉清室近在京畿的心腹大患，這位威風顯赫的蒙古郡王僧格林沁，乃因功加封「親王」、「世襲罔替」。但是這位大王爺又哪裡知道，十年之後他自己也全軍覆沒，一人躲在麥田之內，被捻軍裡面的一個十幾歲的小鬼張皮綆找到了，被小鬼一刀兩斷呢！——一說是張皮綆五更起來「拾糞」，在高粱地裡碰到了躲藏的僧王，他就把僧王打死了。（見羅著前書，頁二二六八～二二七〇，〈張皮綆傳〉。）

北伐援軍五將四殉

李、林北伐的全軍覆沒，也是太平革命必然失敗的幾項重要關鍵之一。蓋李、林既誅，則清室的根本重地的華北大平原，遂安如磐石，叛黨便永遠無法染指了。根本既安，則遠在長江流域的內戰，就變成單方面的「圍剿」與「反圍剿」了。被圍剿與反圍剿的太平軍，便永遠處於被動地位，太阿倒持，就只有挨打和招架之功了。

當李、林二將自天津前線南潰時，洪、楊在南京也曾調兵援救——是所謂「北伐援軍」。

這批「北伐援軍」雖非太平勁旅，人數也有四萬人，由五位丞相級的將領黃生才（

夏官正丞相）、陳仕保（夏官副丞相）、許宗揚（冬官副丞相）、曾立昌（夏官又正丞相）、黃益芸（一說黃隨李、林北伐半途死於火。北伐援軍中並無黃某。另說其未死，被復派入北伐援軍）等率領於一八五四年春季，從安慶分批北上。最初也很順利，竟能北渡黃河，於四月中攻佔漕運咽喉山東臨清。再北上即有與李、林會師的可能。

這時清軍僧格林沁和勝保，正在阜城、連鎮一帶與李、林糾纏；得報，乃使僧軍留後，而勝保則南下抵禦北伐援軍。此時勝保清軍甚爲完整，而北上太平軍則挾有土著捻黨，難免烏合，時有內訌，加以全軍缺糧，與勝保交鋒，終於不戰自潰。清軍於四月底收復臨清時，據報「埋屍二十七萬」；縱是虛報，亦見內戰之可怕也。——太平援軍自臨清一敗，迅即潰不成軍，主帥黃生才，化裝乞丐潛逃被俘，據說黃益芸亦陣前被捕，曾立昌溺斃，陳仕保戰死，四萬大軍片甲無存。五帥之中，唯許宗揚隻身逃回南京。東王追究戰敗責任，把許監於「東牢」。

他可能在其後「天京事變」時被北王釋放。因此一說當夜他銜恨直入東王府，手刃東王，「刃出於背」——殺東王的是許宗揚，不是秦日昌。（參見郭、簡、羅諸家著述及其他官私文獻。）

洪天王不如毛主席

其實太平「北伐軍」及「北伐援軍」之相繼全軍覆沒，不是個人因素——論將才，這些北伐將領，都可說是中國軍事史上不世出的名將。他們的失敗，是整個長毛戰略思想中——讓我且引用一句「句句發金光」的《毛澤東語錄》——沒有擺脫「流寇主義」的結果。他們不打有板有眼，有前敵、有後勤的正規戰、運動戰；而專打鑽隙、流竄、拖死官軍的流寇戰略，那就不能持久了。

在本世紀三〇年代中期「五次圍剿」之後，朱、毛二將所率領的「中國工農紅軍」二萬五千里「長征」，所實行的也是這個不要後方、鑽隙前進、拖死官軍的流寇戰略。那一仗，哼，要不是蔣委員長「太聰明」（想借刀殺人），張少帥是「太老實」（以爲紅軍眞想抗日），恐怕「人民也站不起來了」。縱使如此，最後還不是「受編」、招安，搞個「打方臘」收場。當「工農紅軍」偃旗息鼓，收起「八角帽」，換起國軍裝，戴起「青天白日」帽徽來，才女毛毛說：

紅軍接受改編爲八路軍後……廣大指戰員對於改編、換裝的確存在一些情緒。要讓這些紅軍戰士摘下他們心愛的、佩帶（戴）了十年的紅星八角帽，要讓他們穿上原來對他們進行過瘋狂剿殺的國民黨軍隊的軍服，他們的心裡，怎麼能夠平靜！（見毛毛書，頁三五一～三五二）

毛毛公主有所不知，當時她的毛伯伯、周伯伯和爸爸，腰如果彎不下去，要鬧情緒，也就沒有公主妳了。李開芳、石達開心裡又怎能「平靜」？他們也是想「受改編」、「換裝」啊！搞社會主義、「替天行道」的宋公明伯伯，又何嘗情願作「投降派」呢？問題是當「流寇」怎能當一輩子呢？

吃一塹、長一智！二萬五千里受了個大教訓。抗戰期間毛澤東再也不搞「長征」了。同日本人，尤其是同蔣介石，搞「持久戰」（蔣叫「長期抗戰」；汪叫「一面交涉、一面抵抗」），就一定要「推磨」——一古腦製造他十來個「革命民主根據地」（長征前叫「蘇區」）。你朱德、彭德懷、劉伯承、賀龍、林彪、陳毅……，大小三軍聽令；你們化整爲零，各佔一山頭，各建一「根據地」。組織草根、團結工農、統戰走資……

，老、新解放區、白區、敵區……，因時制宜，各就其便，軍民打成一體；八十老嫗、九歲小兒，一個不漏。搞他個針揷不進，水滲不透……。一旦國民黨再來「圍剿」；日軍前來「掃蕩」；僞軍前來「淸鄉」，諸將應「彼此呼應、各自爲戰」，在八陣圖中，打他個沒完沒了的推磨大戰——失掉其一，轉入第二；失掉二、三再轉回第一——八陣圖中最後總把你七百里連營，通統燒光……。然後農村包圍城市——不把你趕回日本；不叫你鼠竄台灣，誓不甘休。——這就是「戰無不勝」的「毛澤東戰略思想」。

但是這一記蓋世英雄的偉大戰略，哪是那位「鄉建派」小學敎員，老骨董「中國脊樑」的梁漱溟先生所能夢想的呢？他經過毛主席一夕的開導，梁老漢就自覺「頭腦開花」了。

毛澤東和洪秀全、梁漱溟一樣，都是鄉建派，三家村老夫子也，何以毛老夫子能想出這鬼主意，而洪、梁等老夫子想不出呢？無他，這就是筆者要說的「歷史發展的階段性」了。人類的「鬼主意」是受「歷史階段」局限的。「階段」不到，你「鬼主意」就想不出。洪秀全如果也能想出這套鬼主意來，他就不是「長毛」了！他就是受過馬列主義訓練的「共產黨」了。——朋友，咸豐年代的中國就出了「共產黨」，那末免太早了點嘛！

還有，朋友，你眞以爲毛主席足智多謀，滿肚皮鬼主意，「戰無不勝」嗎？非也。他只能想到他自己的那個「階段」。應付次一階段，他就傻眼了。否則他老人家也不會died a broken old man。

石達開之死

洪秀全既然打不來毛式的「推磨」大戰，他陛下的「達胞」（石達開的御名）老弟，當然就更不會了。因此在「天京事變」之後，石達開搞分裂，要自闖天下，他也只會搞搞「長征」。搞流寇式的長征，在中國歷史上，除朱、毛之外，是沒一個好下場的。「達胞」何能例外？石達開的下場既然和李開芳、林鳳祥沒有兩樣。事以類分，我們就把他們長征的故事放在一起，三言兩語帶過，以後就不再多費筆墨了。

前文已言之，石達開（一八三一～一八六三）在天京事變時回師靖難爲北王所忌，縋城逃走，全家均爲北王所殺。北王亂平後，翼王又奉詔回天京輔政。在一八五六、五七年之交，偌大的太平天国只有四個「王」爺。天王之下有他兄長二人（洪仁發、洪仁達）分別晉封安王、福王，其下便是翼王了。天王本是個不管朝政的昏君；安、福兩王卻是兩個野心大、氣量小的膿包，對翼王忌嫉特甚；而秀全既經天京事變之驚以後，對非內親外戚的功臣，亦心存疑忌。——這一點，後來的蔣、毛二公亦所難免啊！

在這一可怖的三洪一石的對立情況之下，石達開自覺朝中無立足之地，一八五七年六月二日他就潛離南京，從陸路逃往安慶。天王發覺後，乃遣將蒙得恩等追之，誰知追兵竟與他一同逃去。

石達開在安慶待了五十餘日，不知所適。其後他可能想到在江西福建浙江一帶另成局面或可與南京爭雄；是年九月底乃率精兵萬人突入江西，經景德鎮入贛南撫州、吉安，再掉頭東去浙西，經鷹潭、上饒於一八五八年四月中旬攻入衢州。一路上太平老兄弟從者如雲。太平軍精銳，一時俱去。

在浙西一待數月，那流竄成性的翼王又掉頭西向進入福建。一八五九年春，又兵分兩路進入湘南與粵東。掠郴州、韶州。北克寶慶；南圍桂林不下，終於又竄回自己的老家貴縣，但是他顯然知道老家廣西太窮了，養不起他的十萬大軍。要稱王稱霸，只有北上四川，開府成都做個劉先主；然後再慢慢地六出祁山，北伐中原。

石達開會作詩是假的，是南社詩人冒充的；他熟讀《三國演義》，倒是眞的。因此他在母省廣西盤桓了幾個月，於一八六〇年秋又率十萬健兒，回師北上，衝入湘西經靖州、芷江、瀘溪、乾州、永綏，進入川東，直迫涪州……。

筆者隨翼王大軍精神長征，神遊至此，記憶中簡直重入童年，隨軍西上。因爲抗戰初期，我自己便是循這條路「步行入川」的。——那種峭壁懸崖、巨瀑險灘……與苗民打交道，與猴子搶果子，羅曼蒂克得很呢！

拙作讀者中的老兵，可能分享這些講不完的故事；年輕的少爺兵，幻想也幻想不出了。筆者便是穿著草鞋，從芷江、瀘溪、乾州、永綏、秀山、彭水，在涪州乘民生公司小輪船西上重慶的。

可是翼王爺就沒民生公司小輪船可坐了。他原先在湘桂一帶流竄時，飢民災黎都知道翼王殿下要到四川去做皇帝的。——誰沒看過《三國》呢？四川這個「天府之國」，誰不想去？大家一哄而來，從龍如雲，所以兵臨涪州時，據說他的人馬，有二十多萬，可謂盛極一時。但是他並沒有打下涪州，乃捨涪而去。沿江西上，經綦江、敍永，又南下攻入貴州遵義。再西竄昭通，這時已是一八六三年的春季了。

在西南叢山峻嶺裡流竄，可不像在蒙古草原或華北平原裡那樣隨心所欲。你得循山勢、水勢和古驛道，轉彎抹角，按理出牌呢！深山大壑，狼嗥虎嘯，野人獵頭，由得你隨意進進出出？我們試把石達開的流竄圖（讀者如想深入探究，不妨參閱前引郭毅生編地理書中各圖，見頁一一五～一一九），與工農紅軍長征路線圖相比，就知他們兩軍所走的，幾乎是同一條路！何也？大地山河是天父皇上帝安排的。你要走，就得循此路前進。

果然石達開的太平長征軍，於一八六三年五月中旬，也兵臨大渡河邊、鐵索橋頭！「金沙浪拍懸岩冷，大渡橋橫鐵索寒。」當地土司王應元拆橋防河，隔河有清朝大軍，列陣以待，太平軍便在河邊的紫打地（亦作紫大地），陷入絕境了。

翼王石達開身爲全軍統帥，不忍見全軍餓死，乃隻身向清軍「請死」、「請降」，以救全軍。一八六三年六月十三日乃被清軍械送成都，「凌遲處死」。長毛老兄弟二千餘人，和石家「王娘」十餘人，及翼王五歲幼子石定忠，和一個出生才數日的無名幼弟，一時俱殉，慘不忍言。

鎮壓反革命的寸磔剮刑

翼王之死，按清朝刑律，他和李開芳、林鳳祥、「洪大全」以及清廷所認爲勢窮被擒的「首惡」，都是用最殘酷的方法，「凌遲處死」的。

什麼是「凌遲處死」呢？因爲在我國唐代以前的官定死刑，不過「斬首」而已。可是宋、元而後所謂「十惡」之首的處死，就漸次用最殘酷的方法，使犯人受盡痛苦，才讓他死去。其中最殘酷的刑法便是「凌遲」了。

凌遲又曰「寸磔」，俗名「剮刑」。中共文化大革命時，勇敢的造反派，有句口頭禪，叫做「捨得一身剮，敢把皇帝拉下馬」。這個「一身剮」便是「剮刑」。剮刑便是把犯人全身劃成三千多個一方寸大小的方塊塊，然後把這小方塊用利刀在身上一塊塊地「剮」下來，所以這種「剮刑」，也叫「寸磔」。在剮的過程中，剮的劊子手，和被剮的犯人，同時嚎叫，可怖之極。

三千塊要分三天才能剮完。在剮完而犯人尚未死時，再用利刃梟首，巨斧剉屍，然後陳屍示衆，使民戰慄！

石達開、李開芳、林鳳祥和「洪大全」（焦亮）以及他們之下的許多高級僚屬，都是這樣被慢慢地剮死的。最不可思議的，則是對付像年才五歲的石定忠和他那剛在紫打地出生的小弟弟。按清朝刑律，他們都是罪該「凌遲」的。但是他們身軀太小剮不了三千塊；皇家還要把他們養大到成人，然後才來慢慢殺死他們呢？

石達開等犯了什麼大罪，皇家這樣恨死他們呢？清朝的刑法說，他們是犯死刑的「十惡」之首。

什麼是「十惡」呢？「十惡」者，一曰「謀反」；二曰「大逆」……也。

「謀反」的現代化名詞就叫做「現行反革命」。

朋友，在現代中國，一個人如不幸的做了「現行反革命犯」，他還不是要受「剮刑」，和梟首、剉屍的嗎？方式不同罷了。

古往今來，道理是一樣的啊！

*原載於台北《傳記文學》第六十三卷第四期

六、長征有始有終，喪權沒完沒了

——兼論小刀會起義上海及英人竊據我海關始末

鄧小平先生的小女兒毛毛，最近出版了一本暢銷書《我的父親鄧小平》，頗可一讀。我忍痛花了重價（美金二十七塊五毛），買了一本，讀了一遍。這本書不論在文學上或史學上，都可稱得上第一流，雖然她還是站在高幹子女的立場寫的，看不出一點極權政黨的陰暗面。

這本書的另一特點是，毛毛是我的同行，書中口述史料的成分很重。可惜的是毛毛的爸是個沉默寡言的人，對他這位掌上明珠不願多講。有許多極嚴肅的史實，往往只三言兩語帶過；有時甚至只有幾個字。

舉個例子吧：當女兒家問他對「長征」的親身體驗，老頭子只說了三個字：「跟著走」！逼得小公主沒辦法，只好去另找「伯伯」、「媽媽」、「阿姨」……諸長征老骨董，另行口述過。「媽媽」、「伯伯」、「阿姨」口述之不足，我們這位小班昭還搬出《毛選》來抄它一段。毛毛抄道：

> 毛澤東說，長征是歷史紀錄上的第一次，長征是宣言書，長征是宣傳隊，長征是播種機。長征是以我們勝利，敵人失敗而告終。（見毛毛書頁三二五。轉引自毛澤東〈論反對日本帝國主義的策略〉，一九三五年十二月二十七日，《毛澤東選集》，第一卷。）

不才老朽，如果是毛毛的博士論文導師，爲著達到「國際水平」，我就勸她把這一段引文「劃掉」。因爲那是一段「狗皮膏藥」、「廢話」、「黨八股」。

毛毛呀！從文學觀點、從史學觀點來說，還是您貴老爸的三字經「跟著走」，最傳神、最眞切，也是最有價值的「第一手史料」，應該打一百分！

「長征」以前的長征

你看老毛自吹自擂那一段，不但廢話連篇，他對歷史事實也未搞清楚。他的老師胡適之先生就教導過他：「有一分證據說一分話。有九分證據，不能說十分話！」試問毛所說的「『紅軍』長征是歷史紀錄上的第一次」，有什麼證據？事實上黃巢的長征從山東征到廣州，再由廣州回征洛陽。這位大齊皇帝的長征紀錄，不管在時間上、在空間上，都比朱、毛紅軍要長得多。

再看闖王李自成、大西皇帝張獻忠，其長征成績均不在「紅軍」之下。而朱、毛紅軍的長征紀錄則更遠落於「長毛」之後。一部「太平天国史」從某些角度來看，也可說是一部長毛長征史，把捻軍的長征也算在一起，前後連續長征了十九年之久。

上篇已詳言之，太平天国史一開頭便是一部長征史。洪、楊於一八五二年春夏之交自永安出發，不足一年便征到南京。中西對比，那就是在短短的一年之內，長毛就從巴黎征到莫斯科！奠都天京之後，席不暇暖，李開芳、林鳳祥又搞起第二次的北伐長征。一年之內，又自浦口繞道河南和山西征到天津。「天京事變」之後，石達開又帶了大批人馬搞第三次長征；他征回故鄉廣西不算，又北上西征，直到大渡河，歷時七載，足未停征。

太平亡國之後，孤臣孽子的遵王賴文光（廣西人，一說廣東人。金田起義元勳，長征老幹部）、梁王張宗禹（安徽亳縣人），和魯王任化邦（亦名任柱，安徽蒙城人），恢復了捻軍組織，繼續又長征起來。

捻黨原是皖北私鹽販的一種祕密幫會組織。早期由張樂行領導（樂行又名洛行，是張宗禹的胞叔），曾於一八五三年在安徽故鄉，造反稱王。後受編加入太平軍，積功晉封沃王。一八六三年死難。餘衆經上述賴文光、任柱，及張宗禹重振成強大「捻軍」，恢復流寇生涯，又在黃淮大平原上長征起來。

捻軍在我們黃淮地區留下的英雄故事，那眞是說不盡的。他們是不分日夜的在馬上作戰。不像後來的紅軍長征，多半時間，都在深山大壑之內「跟著走」呢！

一八六五年，捻軍在山東曹州高樓寨，一舉把清廷最慓悍的主將僧格林沁親王擊斃，僧軍幾乎全軍覆沒（紅軍長征，尚無此戰果）。翌年捻分東西，把湘、淮二軍都拖得要死不得活。

一八六七年，在鄂西尹隆河一役，淮軍主將劉銘傳被打得花翎落地（見羅剛著《劉公銘傳年譜》），落荒而走。「淮軍之良」（薛福成語）的悍將唐殿魁，在短刀肉搏中，負重傷被馬隊踩死。這位「淮軍之良」是筆者的祖宗之一。他死在惡戰中的慘烈故事，在淮軍老兵和族中老輩繪影繪聲的傳述之下，眞是在電影中和小說裡都未見過。這也是口述歷史也。

但東捻賴文光在豕突狼奔、所向無前，縱橫數省之後，終於一八六八年一月在揚州就義。

西捻張宗禹遠征及於陝甘，最後在北風凜冽、大雪紛飛之中，搶渡「雪橋」，竄入魯東，一八六八年八月在茌平縣全軍覆沒。宗禹隻身偷渡徒駭河時，生死不明。

宗禹部將袁大魁，在搶渡雪橋時被截，回師陝北，竄入保安。他最後在保屬老岩窯的堡壘，終於一八六九年五月二十八日（清曆四月十七日・天曆己巳十九年四月十一日），被清軍攻破，全軍殉難。這也就結束了慘烈的「捻軍長征」，也就結束了中國歷史上太平天国這個悲劇小朝廷的「正朔」。

也算歷史上的一段巧合吧！捻軍（也就是殘餘太平軍）長征的終點地區，陝西省保安縣，也正是七十年後紅軍長征的最後歸宿。只是紅軍命帶貴人，碰到個張少帥；長毛沒這個好運道罷了。可是捻軍長征的時空紀錄，也非紅軍長征所能比啊！

捻軍的起覆，是中國近代史中的大題目、小現象。筆者無意把它另闢一專題，所以在太平軍長征史中，多加兩段，就不再另提了，尚懇讀者諒之。

「長征」是老百姓的血淚史

長征、長征：你這個名字多麼神祕和羅曼蒂克啊！我們每次提到你，都會想到那些美麗的名山大川，和那些英勇的革命戰士。他們不避艱險，替天行道。老百姓簞食壺漿，歡迎他們；眞是東面而征西夷怨，南面而征北狄怨——多麼偉大囉！

我們當然也知道，你是多少公侯將相的光榮背景、政治資本；和多少錦衣玉食的公子哥兒們的富貴源泉、特權祖廕啊！

那些聰明的洋專家，像我的老相識索茲伯理、小同事布理津斯基，也要循著你的足跡前進，而得了國際新聞大獎，和大把大把的美鈔啊！

但是朋友，你眞以爲長征是像詩人們所說的：「萬水千山只等閒」那樣輕鬆嗎？或是像革命黨所宣傳的永遠光榮偉大正確嗎？非也。它是由紅血和白骨鋪成的，縱橫於神州大陸的康莊大道和羊腸小徑；沿途是哭聲盈野、餓殍遍地，寡婦孤兒成千上萬呢！

慢說黃巢、張獻忠的長征，是赤地千里、日月無光。——朋友，農民起義，在歷史家的筆下和革命家的嘴中，是何等輕鬆。你可知道「赤地千里」，這項絕對的事實。

縱使是頗有宗教性和人道主義（所謂「賊不嗜殺」）的洪、楊長征，你可知道他們燒燬村落，裹脅青壯，吃盡民糧，遺下老弱婦孺的後果？他們在湘江洞庭、長江漢水，擄掠民船，動輒萬艘！您可知道，這些民船都是貧苦船民的私產。你擄走一條，就一家挨餓；擄去萬條（包括它的男主人被拉伕），則萬家的妻兒都要餓死。——我們寫歷史的人，都是英雄崇拜者，坐在皮椅之上，香煙繚繞，滿口大話。你可知道革命功成萬骨枯。製造一個革命英雄，和三兩個瀟灑風流的高幹子女，要多少斛人民的鮮血，來加以灌溉？

以上所說的還是長征的「正面」——那些自命爲替天行道，解救人民的革命英雄。至於被這些英雄「拖死」的官兵，那些升「剿匪」官、發「長征」財的貪官污吏，其趁勢姦擄焚殺之劣跡，可能倍於「流寇」，所謂「匪來如梳、兵來如篦、官來如剃」，其可怕，就更是說不盡了。

再者，長征（也就是傳統史書上的「流寇」）之起，隨之而來的便是一種「無政府狀態」。這現象在兩千年前的中國政治術語上，叫做「王綱解紐」。王綱解紐，在一個「國家強於社會」的國度裡，便是社會秩序大亂——這在我們江淮地區的俗語，叫做「遍地黃花開」。遍地黃花一開，那就像項羽的老婆在《霸王別姬》這幕「梅派」好戲（也是大陸上今日的「得獎電影」）中所唱的什麼「秦王無道把江山破，英雄四海起干戈！」英雄四海起干戈，革命鋒頭十足。小百姓就民無噍類矣。

憶幼年聞長者言，在江西、安徽一帶的國共戰場裡（尤其是贛南），路上行人走路，要兩手擺動不停。一個人如在野外，兩手背著踱方步，萬水千山只等閒地欣賞風景，一不小心，就野狗四合，尾隨追逐。因爲狗兒有經驗，牠們看到背著手的人，以爲他就要被槍斃了。——牠們隨後就可大嚼一餐。——人喜歡吃狗肉，狗也喜歡吃人肉啊！

年輕的讀者們，別以爲這是「危言聳聽」。這是民國史上，千眞萬確的事實啊！

長征是搞著玩的嗎？它是英雄們的浪漫詩篇；它卻是黎民小百姓的一部血淚史啊！

綠營清軍的不斷圍剿

太平天国的鬥爭史，是有兩大部門，可以截然不同地分開來寫的。第一便是上篇和上節所說的「長毛長征史」。這個長征史，除掉自永安至南京的那一段之外，另外兩段，像北伐和石達開的西征四川，都是「斷了線的風箏」，與在天京之中所發生的事，沒太大關係。至於上節所簡述的捻軍長征史，那就更是個「沒有線的氣球」，自飄其飄了，所以筆者不想再列專篇分述之，就一筆帶過了。

至於以南京天王府為中心的長毛軍政文教大事，那我們就應言歸正傳，來另行爬梳一番。這兒有一些看來無足輕重的小題目，殊不知卻是歷史上害及百年的大事。

太平天国的好漢們，一共只搞了十四年，以南京為中心時只有十一年（一八五三～一八六四）。這十一年，讓我們借用一個孫中山的名詞，只是以打仗為主的「軍政時期」，而這個時期的軍事行動，也可分為：㈠清廷正規軍（綠營）的「圍剿」；㈡太平軍的「反圍剿」；㈢湘軍、淮軍、歐美僱傭兵的聯合圍剿；㈣太平政權的毀滅及遺患。

在清軍「江南大營」第二次崩潰（一八六〇）之前，清廷圍攻長毛，是以傳統官軍

「綠營」爲主、「湘軍」爲輔的。在清制湘軍的士兵，只能叫「勇」，不能稱「兵」。

前篇已言之，淸廷正規官軍原有兩種：八旗和綠營。八旗在淸末已驕惰到一無可用。清末的內戰外戰就全靠綠營了（後來也用一些蒙古兵和關東兵）。

但是滿清的政績筆者曾一再替它平反，卻比漢、唐、明都要好。淸朝不徵兵，所以無「兵役」，也不徵伕，所以也無「徭役」。綠營是「募兵制」，把社會上的游民、惰民和失業工農，都募去當兵，以減少社會負擔（美國今日也是如此）。不像漢、唐、明三朝和今日台灣，要發「六郡良家子」（漢制）或「戶有三丁抽一丁」（唐制），或「中學畢業服兵役」（今日台灣）。所以在清朝，「好男」就「不當兵」了。

讀者應知道，徵兵、徵伕都是最「擾民」的。因此滿清是中國歷史上擾民最少的朝代。康熙爺連「禁纏足令」這項德政都沒有推行，爲的就是「怕擾民」。哪像我們民國時代，尤其是毛主席治下，連夫妻睡覺主席都要管呢！

在綠營當兵，每月有餉銀四兩五錢；戰時還有食米津貼。江南大營的月餉，最好的時期可以發到每月十兩，養五口之家，綽綽有餘。所以吃糧當兵，亦並不太壞；至少比一些失業工農，和游民惰民日子好過得多。

長毛在永安時期被官兵圍剿，就是這種官兵；其後守桂林、守長沙也是他們。由於步步追逼長毛，以致逐漸脫穎而出，官兵統帥像欽差大臣向榮，也並不太「魯」。他跟踪追到南京，在孝陵衛建起「江南大營」。迨洪、楊攻陷南京，向榮將綠營兵五、六萬之衆，便把南京三面包圍起來。但是向榮無水師，所以對南京北郊下關（地傍長江），就只好網開一面了。

這時太平軍有民船萬艘，乃順流而下，打下鎮江和瓜洲；再沿運河北上便佔領了揚州。那位原來在鄂西襄陽、樊城一帶的清廷欽差大臣琦善，此時也率領少數旗兵和數萬綠營兵，自江北旱路追到揚州；在揚州郊外的雷塘集，也建了個「江北大營」，把揚州團團圍住。清朝的署理江蘇巡撫許乃釗，這時也奉向榮之命，統率了大隊綠營兵，防堵於鎮江東南。因此蘇杭、上海一帶，太平軍還鞭長莫及。

上海「小刀會」的插曲

由於洪、楊造反的成功，定鼎金陵，天下草莽英雄均大受鼓勵，紛起效尤，造反響應。在東南一帶，首先拔刀而起的便是劉麗川的「小刀會」。

「小刀會」原屬「洪門」，是華南會黨「天地會」的一個支派。鴉片戰後，隨「五口通商」之開放而蔓延及於寧波和上海。地下組織約以區域語言之別，分爲廣東、福建及上海寧波本地人三大幫，而以廣東幫最強。劉麗川爲廣東香山人，故被擁爲幫主。一八五三年九月四日，經過一番醞釀，小刀會徒衆突然造反，一舉佔領了嘉定城。九月七日由麗川親自率領，未經過太多暴動，便佔領了上海縣城，並俘擄清廷官吏上海道吳健彰。未幾靠近上海的青浦等幾個城鎮，也被小刀會佔領了，一時聲勢大振。小刀會在上海一帶一共鬧了一年多，直至一八五五年二月十七日劉麗川在清法聯軍猛攻之下和英法帝國主義陰謀之中被捕殺，才結束了這段小插曲。今日上海市裡還有個「劉麗川起義紀念館」，地居要衝，平時遊人如織。余今夏有感於劉君起義百四十年之祭，曾與堂弟德詮啜茗其中，面對英雄遺像，談造反史蹟，有餘慨焉。

小刀會本有他們自己的佛、道難分的宗教信仰，對耶穌並無興趣；他們打的也是「三合會」、「反清復明」的旗號。一旦首義上海，麗川便自稱「大明國招討大元帥」。他下面的幾個頭頭林阿福（福建幫）等亦各有左右元帥的封號——亦如洪、楊之在永安時也。——小刀會造反原自成系統，本與太平軍無關。但是麗川自知勢孤，不足以獨打天下，爲著實際需要與鄉親關係，他曾派祕使自稱「未受職臣」，向洪天王拉關係。不幸他們與洪、楊之間爲清軍所阻隔，無法合流。

但是他們兩方始終不能結合的道理，主要還是洪、楊對他們的冷漠。蓋他們雖同係粵人，同爲反清復明的志士，不幸他們之間「客家」與「土著」畛域未泯；「拜上帝會」與「三合會」鬥爭的舊恨猶在，而宗教信仰又南轅北轍。加以洪秀全又是個天大的教條主義者，認爲劉麗川既不能清除各異端神祇的偶像，又吸食鴉片，違反「天條」……，因此對劉的觸角未予重視。大錯既成，太平軍自此對這個「人民如海、財貨如山」（曾國藩語）的上海地區，就無法染指了。

小刀會之佔領上海，爲時雖短，但是它在清末的對外關係史上，小題目、大事件，卻是極重要的一頁。劉麗川的實力並不大，內部三派爭吵不已，太平軍又不加援手。清軍餉械充足，以衆敵寡，本不難收復上海。但是清軍火攻數月，地道爆了好幾條，還是一籌莫展。其主因便是帝國主義想養寇自用，以便渾水摸魚的結果。蓋上海縣城北面緊靠租界。一八五四年四月一次清軍圍城，偶近城北，竟爲洋人自組的「上海義勇隊」(Shanghai Volunteer Corps)所擊退，頗有傷亡。是所謂「泥原之戰」(Battle of

Muddy Flat)。這是一件百分之百的損害中國主權的武裝侵略，可是英國駐華使領卻大受倫敦表揚。自此清軍再不敢輕去城北冒犯洋人。上海城的北門，因此生意照常，熙熙攘攘，劉麗川的叛軍糧餉彈械也就不虞匱乏了。但是洋人之縱容甚或接濟叛軍，亦以洋人自己的利益爲度——他們要養寇自用；但也不要寇過分成長以致尾大不掉。因此小刀會只能株守個上海城。等到他們失去存在的價值時，就被強大的清法聯軍消滅了。

總之，小刀會這次在上海造反，跟中國近代史中所有的內戰一樣，只是替外族侵略者製造趁火打劫的機會而已。

英國的算盤與三強的矛盾

洋人，尤其是在中國經濟利益最大的英國人，如何利用這次動亂來趁火打劫呢？其要點蓋有二端：

第一，他要利用小刀會之亂把在上海的「租借地」，變成「殖民地」。按條約劃出的「租借地」，主權還是中國的。把租借地變成「殖民地」（如香港），則主權就屬於洋人的了。

第二，深沉而有手腕的英國殖民者要趁小刀會之亂，取得中國海關的管理權。英國如能控制中國海關，漸次它就可以插手於中國內地的路礦郵電的開發、建築和管理了。它如掌握了中國的路礦郵電，那麼大清帝國不作第二印度，也是印度第二了。爲此，可憐的劉麗川，就變成大英帝國在遠東殖民政策中的一顆棋子。

但是，大英帝國這項暗盤，卻不一定爲美、法二國使領所接受。爲瞭解他們三國之間的矛盾，我們還得把當時租界的歷史，稍作補充說明：

根據一八四二年中英〈南京條約〉的規定，歐美商人和傳教士，可以在上海等「五口」之內，租地建屋，以便通商和傳教。因此，在一八四五年英、法二國乃與上海中國地方政府議定，在上海城北郊各劃地皮一小塊，作爲「租借地」，是所謂〈第一次土地章程〉。

但是所謂「租借地」者，只是規定兩國僑民有權在此劃定地區內租地而已。地猶中國地，界內行政管理等要務，仍由中國政府負責。這便是後來上海「公共租界」和「法租界」的原始形式。讀者欲知其詳可參閱唐振常主編《上海史》（一九八九年上海人民出版社出版）。此鉅著甚爲詳盡。雖偶有小錯，然瑕不掩瑜也。

在一八五三年九月小刀會佔領上海時，這兩片租借地是屬於中國的上海道台直接管轄的。這時的上海道是廣東香山人，劉麗川的小同鄉吳健彰。在劉氏突然造反之前，他二人曾有私仇。一旦亂起，吳健彰竟被劉麗川活捉了。

在中國農民起義史的老傳統中，地方官一旦被起義農民所活捉，總歸是人頭落地的。這次小刀會起義，那位上海縣知事袁祖悳，便自知不免一死。據說他索性穿起官服，高坐於縣衙大堂之上等死，當然就殉職了。可是他的上級吳道台被活捉之後，不但倖免一死；後來還化裝逃了出來，最後還帶了大批民團，和江蘇巡撫許乃釗一道回來「剿匪」；劉麗川反而被他殺了。——這樁歷史何以不循老樣板發展？其中就大有文章了。

首先吳道台之倖免一死，可能是與他籍貫有關。劉麗川的廣東幫小刀會之中，多的是吳的鄉親，甚或結拜兄弟和部屬。他們都是「關雲長」的信徒。所以在此「華容道」中，就放他一馬了。

第二，也是更重要的一項，則是吳道台有海外關係——吳道台是一個博士論文的好題目，他可能是盛宣懷和孔、宋的前輩；是近代中國第一批資產階級富商從政。他據說是廣州「十三行」之一的吳爽官的兄弟行，捐官出任候補道起家的，並擁有外國公司股票的買辦官僚。吳或許也是美國「旗昌洋行」(Russell & Co.)的大股東。他也是美國公使馬歇爾（Humphrey Marshall，一譯馬沙利或馬紹爾）所很看重的中國官僚，所以劉麗川對吳氏也就頗有顧慮了。

劉麗川本人也是中國近代史上一位典型的「轉型人物」。出身市貧，據說劉曾到新加坡打工，在英國洋行做過事，是洪仁玕一流的人物，深知洋人的厲害和好惡。對洋人也有崇洋、恐洋和自卑等複雜的心理。所以在他拿下上海城當天的第一項要務，便是到租界裡去，親自拜訪各國使領人員。因此他和英使文翰(Sir George Bonham)和英領事阿利國(Rutherford Alcock)以及美使馬歇爾、美領事馬輝(R. C. Murphy)和法國領事愛棠(B. Edan)都有很誠懇的談話。

第一，他聲明自己是洪、楊屬下，太平天国革命政權的一支。在他們與滿清政府的戰爭中，他要求列強保持絕對的中立——不助太平軍，也不助「清胡」。

第二、他也對列強保證租界的絕對安全。革命軍絕不入侵租界；租界一切維持現狀。清政府在租界內的海關，仍可照常運作，不受騷擾。

劉是深通外情的，不像洪、楊那樣糊塗的自高自大。因此他對列強使領的要求和保證，可說是合情合理和符合國際公法的。

可是這時英、美、法三強，對劉的反應，那就同床異夢了。

由「租借地」變成「殖民地」

反應最具體的當然是英國。英國當時在上海原是一強獨大的。它壟斷了中國東南沿海如瘋若狂的鴉片貿易。英使文翰、英領阿利國，即公開揚言不惜以超法律手段(extralegal)，擴張商務特權。大批英國商人，包括財勢最雄厚的「怡和銀行」的老闆威廉・渣甸(William Jardine)的家族，可說是人人有份，人人發財。

〔附註〕「怡和」這個行號，本是鴉片戰前，廣州十三行茶商中，最雄厚的浩官伍崇曜的行名，聲聞中外，信譽卓著。不幸戰後五口通商，貿易中心北移，伍家衰落破產，這一響噹噹的招牌乃被英國渣甸家族所襲用，至今盛勢不衰。

至於經常的進出口貿易，英商亦佔百分之七十以上（包括鴉片貿易）；航運量更逾百分之九十。因此這時的英租界之內也眞如當年廣州一樣，金錢堆滿十三行，熙熙攘攘，一片興隆氣象，不像那些眼大於腹的法國人，仍然只靠天主教會和上海徐家滙，中國原有的耶穌會士，來撐持門面。美國則自始至終，還沒個租界，它「依親為生」，寄居於英租界內，受盡英人鳥氣——美國領事館最初在英租界賃屋開張時，英國人竟不許它「升旗」，把老美氣得鬍子亂飄！

可是，英國領事館這時在上海，卻有大衙門一座，氣勢顯赫。其中辦公人數可能不在當時華盛頓的美國國務院之下。——讀者們千萬別為今日老美的氣勢所懾，以為它當年也是如此煊赫。那時美國還是個小國。遠東對他們來說，還是「遠」在天邊呢！

英國人在上海既有如此群衆、如此衙門，因此上述那支「上海義勇隊」（後改稱「上海萬國商團」），基本上是一支由英國海軍陸戰隊支援，由英國領事領導的英國武裝。他們既一戰趕走了清軍；小刀會又望洋卻步，這個眞空狀態下的「租界」，就被他們鵲巢鳩佔了。這支烏合的「義勇隊」自覺管理城市經驗不足，身兼香港總督的文翰乃從香港調來一批印度警察，維持治安。這便是後來我們所親眼看到的「紅頭阿三」的一世祖了。上海租界既然被這支英國武裝實際的佔領了，它總得還有個文官衙門，來負起政務管理的責任。為此，他們又組織一個執行委員會(executive committee)。這個委員會逐漸擴大和改組，就變成後來上海的「工部局」(Municipal Council)了。如此這般的文武雙管齊下，很快的，上海的英法「租借地」就變成國中之國的英法殖民地了。

但是萬事俱備，只欠東風——它沒個法律基礎。其唯一的藉口只可說是小刀會作亂，租界成了無政府狀態，洋人「替天行道」，在緊急狀態下，不得已組織個臨時組織來應急。但是一旦緊急狀態不復存在，這個「臨時組織」也就應該適時結束。這樣則劉麗川大元帥暫時的存在，也就有其法理性的必要了。相反的，等到一切臨時設施，都變成既成事實，中國當局無法改變時，劉大元帥也就沒有存在的價值了。歷史事實告訴我們，當劉麗川已不復存在，這項應付緊急狀態的臨時措施，其後卻一共存在了八十八年之久；到一九四一年「珍珠港事變」後才正式結束。

英人代管中國海關的奧祕

至於英國人如何取得中國海關的管理權，其發展就更爲巧妙了。

根據上引《上海史》，編者所說的故事是這樣的：

小刀會佔領上海縣城的第二天（一八五三年九月八日），位於租界內的上海海關被起義群衆搗毀。租界當局馬上派兵佔領海關。……（九月九日英美領事乃協議搞出個「領事代徵制」，由英美領事替中國政府代徵關稅。）（見唐振常主編《上海史》頁一七二。）

我的宗家唐主編寫了這段故事，就上了英國人瞞天過海的大當了。他的史料是根據英國官書（英國外交檔）和英商《北華捷報》的報導，以及後來英美史家摩爾斯(Hosea Ballou Morse)和費正清(John K. Fairbank)師徒的說法。其後的中國官書和中國史家，文獻不足，只好根據英國史料，亦作如是說，眞令人浩嘆。

其實當時租界內，根本沒有什麼「起義群衆」——根據〈第一次土地章程〉，租界之內，是不許華洋雜居的。劉麗川在起義當天，就對英美領事作了保證，哪還有「第二天」的「群衆搗毀」呢？

至於「租界當局」派兵佔領海關一事，那就更爲荒唐了。「租界當局」原是中國道台吳健彰。吳氏在城區被小刀會所俘之後，「租界當局」便是英國海軍陸戰隊，和臨時組成的「上海義勇隊」。

這兒問題來了：

第一，劉麗川分明保證了租界的安全。中國海關設在租界之內，何處忽然冒出了「起義群衆」到租界之內來「搗毀海關」呢？

第二，租界當局事後派兵（義勇隊）去「佔領海關」，爲何不事前「派兵保衛」呢？

余早年讀書至此，不疑處大疑。知英國官書不可信，英商報紙更不可信，力倡「帝國主義不存在論」的費正清學派尤不可信。根據他們衆口一辭所說，而寫出的中國官私著作，被英國人蒙蔽而有疑處不疑，也就不可相信了。

筆者後來細翻美檔，發現其中記載極爲明確，而美國外交檔，則是「摩費學派」的盲點所在。不禁掩卷長嘆：原來如此！

美國公使的見證

原來就在小刀會佔領上海城這一天（九月七日），美國公使馬歇爾也在上海。馬氏是西點軍校畢業的職業軍人，曾參加過美墨戰爭，膽子很大。這天小刀會突然暴動，馬氏不顧危險，卻偏要出街去巡行，一探究竟。當他便道踏入外灘江邊「中國海關大廈」時，眼見一個英國商人正率領一批搬運工人，衝入大廈，強行搬走室內寄存的商品。接著另批英人也進入搶劫，藉口說是海關欠其船租未付，特來搬運存貨，以爲抵押。直至中國海關被這批「英國紳士」(English gentlemen)洗劫一空之後，海關公署四門大開，街頭中外游民才潛入行竊。

此一英人洗劫過程，行之於光天化日之下，中國關員佇立在一邊，無力遏阻；四鄰華洋商人均所目睹。最可笑的是這位美國公使，竟然也是目擊者之一。馬君在一旁看得氣憤不過，乃向華府上司據實報告之。馬歇爾說：

> 我曾向您報告過，第一次向租界之內的中國海關施暴，其非法行爲而導致街頭人民入內（行竊）者，並非始自中國之叛逆也。（末句特別加重。見馬歇爾致美國務卿麥塞報告書第三十六號。一八五三年十一月二十六日，發自澳門。筆者曾另有較詳盡分析。見拙著英文《中美外交史》頁一三八。）

讀者或許感覺奇怪，中國海關爲何變成貨棧，存有大批商品呢？原來是由於太平軍進入長江之後，內陸洋貨滯銷，進口商因貨無買主，不願納進口稅，乃將百貨寄存海關棧房，待有買主，再行報關納稅。此次趁小刀會之亂，兼海關監督的吳道台被俘，他們就乘機一哄而入，把存貨搬走，就變成免稅入口了。

摩爾斯的《大清帝國國際關係史》鉅著，對這些英商把貨物存棧，待有買主時再行報關的措施，記載未缺；但是英商竊貨毀關這一段，他就支吾其辭了。——這可能因爲摩爾斯也不知事實眞相；但是更可能的則是這些英商都是當時滬港倫敦商政兩界的頭面人物，與摩氏直接及間接的關係是千絲萬縷的。摩氏在其劃時代的鉅著中，爲親者諱可能也就勢所難免了。

〔附註〕摩爾斯之書原名叫*The International Relation of the Chinese Empire*，應譯爲《中華帝國國際關係史》。但是這時的「中華帝國」實爲大清帝國。譯爲《大清帝國國際關係史》，反而更爲明瞭。

朋友，寫書的人往往也各爲其主嘛！我們中文著作中把帝國主義罵得血口淋淋的動機還不是一樣的？只是許多中英文外交史的作者們，沒有摩氏的功力和技巧罷了。費正清先生當年評拙著，曾說我把個莫名其妙的馬歇爾也要辯護一通，但他並沒有指出我所辯護的那一點是錯的。那時我想反駁費公，我有這個地盤嗎？費公仙逝，筆者至感悼念。因爲打麻將要有好搭子；下棋要有好棋友。自鄶以下，不足論也。

上海變成自由港

所以，「搗毀海關」者，非中國「起義群衆」也；大英帝國之「上等僑民」也。在他們搗毀海關之後，翌日再派英國水兵站崗，加以封鎖。聲稱海關爲中國暴民搗毀，不能運作。說成外國領事們不得已，只好挺身而出，替中國政府幫忙，「代收關稅」。官書如此，報紙報導亦然。事爲當時在江西打長毛的衛道大師曾國藩聽到了，他不禁嘆息說：「彼雖商賈之國，頗有儒道。」（見上引唐編《上海史》，頁一七七，引〈復毛寄之函〉。載《曾文正公文集》，世界書局出版，書牘，頁七五）。是亦「君子可欺之以方」也歟？英國這一記做賊喊捉賊的行爲，竟然流傳一百多年，無人拆穿。連現時的年輕的中國史家如唐振常先生等一夥，都還被他蒙在鼓裡。也足見英國人搞外交技巧之高明，和手段之穩健了。

不特此也。後來吳道台脫險歸來，要重開海關辦公。但是此時中國海關已爲英國人條封。戶外有英國水兵站崗，吳氏不得其門而入，乃想在同街另行租屋設關，亦爲英人所阻，無法實行。吳不得已乃租得洋商鐵皮船二艘，在黃浦江邊，海關門前，設關江上，亦爲英艦所驅逐。吳又移關至黃浦江口，英人亦藉口「違反條約」，不許在內地設關。吳被逼走投無路，終於接受英領阿利國建議，由各國領事代徵關稅。

但代收關稅時，英商亦在英領特許之下，只打「白條」(promissory notes)，不付現款。此種「白條」斯時人所共知廢紙一張而已。果不其然，未幾阿利國便奉到倫敦外交部訓令，將「白條」原封退還商人了事；自此，上海便與香港無異，成爲事實上免稅之自由港矣。

然此時在一旁明眼觀察，深知內情的美使馬歇爾，對英國這種渾水摸魚、趁火打劫的作風，卻大不以爲然。他認爲美國有義務維持此一「條約體制」(treaty system)，並在中國內戰中，嚴守中立。乃訓令美國副領事克寧漢（Edward Cunningham），凡美商報關納稅，一律需繳現金。

馬歇爾這條軍令，不得了，立刻引起在華美商及在美商眷親友的軒然大波。一時抗議函電雪片般飛來。華府紐約各地報刊因而也充滿了反馬的報導。甚至克寧漢也不直馬氏之所爲，轉而同情美商。那位恨馬恨得牙癢癢的，馬之祕書兼翻譯，拿錢不做事的伯駕（Peter Parker）牧師，這時更是小報告橫飛。伯駕是位力主美國佔領台灣，與英國攜手侵華的唯一的美國外交官，他這一記窩裡反，就使那不知底蘊的國務卿和總統，認爲馬歇爾在華失職了。

在衆意難違之下，馬歇爾一氣，乃又訓令克寧漢副領事停收美商關稅；在他看來，與其打白條作僞君子，倒不如乾脆不報關，作眞小人之更爲可取也。可是上校有所不知，搞政治要學司馬懿，人家貽爾巾幗，也不能動氣。他這一氣，出爾反爾；上海這個「自由港」之形成，英國紳士雖然早已把它變成事實，而揹此破壞中國主權之黑鍋者，翻爲美國上校也。公使的紗帽也就保不住了。

朋友，搞政治要憑手腕。是非從何說起呢？語云弱國無外交，但是縱使是強國的外交，也只是蘇秦、張儀的天下啊！言忠信、行篤敬者，是子之迂也。

「外人幫辦稅務」

經過馬歇爾公使這一來，祕密的上海自由港就公開化了。從當時清政府內亂方殷，糧餉無著的緊急情況之下著想，年入百萬的上海關的關稅，對滿清政府是太重要了。分明知道大清帝國是飢不擇食了；中國關稅已由英美領事代徵。——領事既已代徵白條；將來要催收白條，當更非領事莫辦，這樣經英領阿利國發起，法美兩領事一致同意，阿利國便向吳道台建議了。吳道台如能使海關復活，無論採取何種形式，則欽差大臣兩江總督怡良和皇上，也沒有不同意之理。因此招請「外人幫辦稅務」就是順理成章的後果了。其後他們一連串的中外協商，毋煩多議。一八五四年夏，英國副領事威妥瑪(Thomas Francis Wade)便臨時受任爲上海關監督，攜同兩位美法助手，代收關稅。迨一八五八年夏，中國爲英法聯軍所迫，接連簽訂〈中英天津條約〉（六月二十六日），及〈中英通商章程善後條約〉（十一月八日簽訂於上海）時，「外人幫辦稅務」一條，乃訂入善後條約之第十款，而通行於全國。翌年英人李泰國(Horatio Nelson Lay)

乃受清政府委派爲第一任「稅務司」，從此中國海關，便正式落入英國人掌握中矣。直至民國初年軍閥時代，英國稅務司就變成中華民國的太上財政總長了。

小刀會在上海一鬧，經英人翻雲覆雨，幾記小手腳，中國便喪失了海關自主權至七十餘年之久，能不令人浩嘆！

〔附註〕英國人擔任的中國海關稅務司，在民國以後對中國的政治、軍事、金融各方面的影響太大了。與他有血肉關係的中國當政者如親英的張公權（當時「中國銀行」總裁，後來的江浙財團首腦），和親美的顧維鈞（直系軍閥時代的國務總理），對筆者都有最驚人的述評，有機會再詳論之。清末民初的「海關」和其後由海關辦起的「郵政」，讀者知之否？卻是洋人替我們代管的最有效率、有最好人事制度、員工薪給福利最好而貪污絕少的兩個現代化大機關。朋友，讓我沉痛言之，我們自己管不到這麼好啊！等到我們趕走洋人，由自己來管，就一塌糊塗了。——國民政府如此！人民政府也不例外啊！夫復何言。

「華人」比「狗」値錢

以上所述是我們在「租借地」上失去主權、治權；在自己的海關上失去管理權的經過。那都是外國侵略者，處心積慮，非拿去不可的結果。至於吾人在自己的土地上，連司法權也丟掉——換言之，就是我們在自己的國內犯了法，要由洋人來打屁股，那就是不可思議了。其實這也是我們內戰和革命惹來的。

原來在一八四五年根據第一次〈土地條約〉的規定，租界之內是不許華洋雜居的。界內土地必須租給洋人，華民不得在界內租地居留。可是一八五三年小刀會在上海起義；太平軍又佔領了南京、鎮江、揚州……，各該地富民，便向上海集中；小刀會再佔上海城，當地富人便逃入租界避難了。一逃便是兩萬，把個小小的租界，擠成人山人海。

這時中國政府被洋人趕出租界，界內納稅洋人（少時數十人，多時百餘人），上節已略作交代，乃自組其居民委員會(committee of cooperation)和執行委員會，漸漸地就變成後來的「工部局」。形成一種洋人在中國境內的自治政府和會審法庭；租界也就變成國內之國了。

當小刀會亂起，華人難民扶老攜幼進入租界避難之初，這些「納稅洋人」曾一度引用〈土地條約〉，不讓華人來和他們雜居。——他們其後不是也有「華人與狗」不許進入他們外灘公園的規定嗎？他們自己國內的高等住宅區，不是也不許有色人種入內雜居嗎？

可是，在小刀會作亂的上海，喜歡暴利的洋人，很快就發現一個祕密——華人比狗值錢！

這時扶老攜幼而來的避難華人，很多都是攜帶細軟，爲著妻兒的安全，他們是不惜千金一室的向洋地主租屋暫住。一時人如潮湧，房租陡漲，納稅洋人更要趕忙搭篷造屋，廣事招徠。華人避難有所，洋人笑口大開。他們就把「不許華洋雜居」這一款條約具文，存入倉庫了。

可是華人居民雖多，他們卻不許在居民委員會中投票。因此，租界裡的華人居民，就變成一群在自己國土上的外國人了！可是，這些假外國人如果在租界之內，鬧出刑法、民法事件，又如何是好呢？這樣那些眞外國人就要組織法庭，來審判這些犯法的假外國人了。

這時那位廣東行商家庭出身的吳道台，頗通洋務。他認爲洋人損傷他的治權太多。他管不了洋人，至少可以管管租界內的華人嘛！他乃行文各領事，要居民委員會提供一份「華人租界居民」的名單，以備查詢。可是租界當局不但認爲吳氏此項要求侵犯了華人居民的人權，也侵犯了洋人居民的治權，而相應不理。

自此以後，中國政府再無權管理租界內事。外國租界也就變成了中國境內的獨立國家了。

租界的陰陽兩面

「租界」這個中國近百年史上一個「怪胎」，用不著多說了吧！它的形成當然是我民族自我不爭氣的結果——正如胡適所說：我們事事不如人；中國不亡，實無天理的結果！但是一個指頭打不響，它也是近代西方帝國主義赤裸裸侵略的結果。是一種標準的「國必自伐而後人伐之」的典型現象。

近代的西方帝國主義的性質，和傳統的漢族帝國主義的基本相異之處，是西方殖民者東來的目標是純經濟的。——目的只有一個：「快錢」(quik money)！在一個現代都市裡，賺錢最快的，那就莫過於煙、賭、娼也。因此，首先在租界之內氾濫成災的便是這三項了。

洋人要賺中國的錢，不能沒有中國代理人。要賺大錢，他必須利用中國知識分子作幫手，這就形成了我們的買辦集團和與洋人勾結的軍閥官僚。

低等洋人要賺「黑心銅鈿」，那就要縱容甚或利用地下的幫會了。幫會中大魚吃小魚——非我徒子徒孫，必然趕盡殺絕，因此，上海的煙賭娼三大金礦，就被青幫壟斷了。大通悟覺，順序安排，他們有錢有勢，不但控制了基層的雞鳴狗盜；上層滿口仁義道德的士大夫，面對黃金美女，有幾個不走火入魔？

人不是上帝造的。科學家已證明他只是禽獸之一種。禽獸在「獸慾」發作時，是六親不問的。人爲萬物之靈，因此當「人慾」發作時，又何止六親不問哉！——上海租界這個銷金之窟，因此也變成最不堪聞問的人慾橫流的藏污納垢之所了。

但是，人畢竟是人，洋人也是人。因此，在這個人慾橫流的租界裡，爲人慾遭殃的不只是可憐的中國妓女和黃包車伕。高貴的洋人，偶亦難免。那時在上海灘上與青幫最能打得火熱的高等洋人莫過於年入百萬的法國總領事了。

一年窮領事，百萬雪花銀！當年的百萬足抵今日美鈔三五百萬吧！哪裡來的呢？青幫徒子徒孫之孝敬也。但是拿人錢手軟。一次他的副領事因小事不洽於某地下光棍，被光棍一槍處決。總領事只向巴黎報稱遭「情殺」結案。

帝國主義控制了中國；我們中國的「麻皮金榮」，也控制了帝國主義。宋公明說得好，他年若遂凌雲志，敢笑黃巢不丈夫？黃金榮亦丈夫哉。

但是天下事哪能全是壞的呢？縱使是租界也有它的陰陽兩面。罪惡淵藪之外，它是我國西化和現代化的策源地；是我國志士仁人搞革命、搞民主的避難所；也是我國新文化、新文學的寶山。有此三者，租界先生在我國近代史上，也就足夠不朽了。我們日後寫民國史，歌頌它老人家的機會多著呢。把它作為長毛史的談助，我們就暫時打住吧！

白色棉紗敵不過黑色鴉片

現在還要交代一下那位耿直的美國公使馬歇爾上校。

馬歇爾這位英帝在華竊權的見證人，當時是激於義憤，也是為著保護美國商業利益而強烈反英的。其後竟因此而招致誹謗撤職。

其實美使反英，不始於馬氏。他的前任義華業(Alexander H. Everett)和德威仕(John F. Davis)都是反對英國的。只是那兩位前任之反英比較抽象。並且他們主張聯法俄共同反英的。馬歇爾反英則反得很具體；並且，他是主張不計後果，由美國獨力反英的。——可惜這種英美之間的矛盾，不但我們顢頇的大清朝廷和愚昧的東王府、天王府，一無所知，不能加以利用；我們後來的革命史家，把帝國主義恨得牙癢癢的，動輒一竿打翻，都是不對的。

在歷時兩百年的中美外交史中，來華報聘的共有兩個馬歇爾——亨福利・馬歇爾和喬治・馬歇爾。這兩個馬歇爾，老實說都還算是君子人；不像尼克森和季辛吉那種法家策士。

美國公使們（後來的伯駕除外）爲什麼一致反英呢？

他們要反的，第一是大英帝國主義。十九世紀的大英帝國在遠東是不惜一切手段，對中國加以控制的。它自己的首相迪斯瑞理(Benjamin Disraeli)說得好：「大英帝國無永恆朋友，也無永恆敵人，只有永恆利益！」換言之，大英帝國爲著永恆利益，它有奶便是娘。爲著利益，它是不擇手段、沒有原則的。但是，英國外交的方法，則是做得最爲高明，不像日本人和俄國人那樣赤裸裸的不要臉。上述英國人趁火打劫、製造殖民地、掠奪海關，都是最標準的例子。

美國人就不一樣了。爲著美國的商業利益，山姆大叔的對華政策，一開頭便是搞「機會均等、利益均霑；門戶開放、主權獨立」的。美國朝野堅守這項原則，堅持了五十餘年，至二十世紀初年八國聯軍時代，始由國務卿海約翰(John Hay)把它概念化了，載入史册的。

上節所記那位老馬歇爾，反英反的也正是這一點。他認爲英國「破壞條約體制，破壞中國主權」，是違反美國利益的。

美使反英的第二點是「鴉片貿易」。英國人當時不顧一切的向中國傾銷鴉片（文翰便是鴉片販的代言人，是十分可恥的）。在美國人看來——尤其是馬歇爾這位美國南方人看來，中國人被黑色鴉片弄得民窮財盡，便再沒有餘財去買美南特產的白色棉紗了。這也是大有害於美國利益的，所以他要反對到底。

第三點便是馬歇爾是美國農村出身的直腸人；一位上校軍官，大老粗，看不慣英國官僚的那種小手腳。

凡此小手腳——例如上述的化租借地爲殖民地；如搶奪中國海關等等——英國人都做得極其光鮮。但是他騙得了曾國藩，卻騙不了馬歇爾。所以，馬歇爾要極力「維持條約體制」。在條約明文之下，中國（不論是誰的政權）一定要「主權獨立、領土完整」，才最符合美國的商業利益。這個基本原則雖是純粹爲著美國利益而設計的，但是國際上沒這個基本原則的牽制，中國可能就被列強瓜分了。

馬歇爾可能就是爲著阻止英國在租界上玩手腳，才說動劉麗川把吳健彰釋放的。馬要他回來重行掌握租界和海關的管理權，但是吳健彰哪裡能從虎口取肉呢？——當時中國朝野都盛傳吳道台的脫險是美國公使要出去的，不過，馬歇爾未曾爲此居功。

張學良將軍告訴我說：「縱是日本人之中也有好人的。」正是這話。辦外交是藝術，哪可一竿打翻一條船！

聖瑪利亞與送子觀音

小刀會後來在上海的全軍覆沒，是法國出兵助清的結果。其實小刀會的實力太小了，只要洋人不「養寇自用」，它就必然被消滅無疑。劉麗川在上海鬧了一年多之後，洋人所要渾水摸魚的大小魚也都摸完了。劉自然也就沒有存在的必要了。

再者，在太平軍初入長江時，局勢混亂，滬上進出口貿易大跌。可是經過一年多的演變，上海外貿回升，前篇曾略事鉤沉。這一回升趨勢竟遠較戰前爲佳；至一八五六年「天京事變」前夕而登峰造極。生意好，大家發財，小刀會仍然佔住上海，不時與圍攻的清軍對轟，對大家都不方便。既然清軍無法消滅，則小刀會放下小刀也就是大家之福了。

事實上，小刀會初起時，清方便要求列強助清滅匪，無人反應。可是至一八五四年中，法國使領就願意出馬，幫助清軍來攻擊小刀會了。

法國何愛於淸而要消滅小刀會呢？其主要原因則來自宗教。在法國眼光裡，洪、楊之徒只是一群仇視「天主教」的「基督徒」（新教）。太平軍也確因無知，在其反偶像鬥爭裡，每把天主堂內的聖母聖嬰，當成送子觀音而打得粉碎。劉麗川自始便號稱爲洪、楊一夥，佔據上海縣城又正與法租界接壤，法國神父與使領便認爲這個大異端正鼾睡於臥榻之側了。

上海，尤其是近郊的徐家滙，在法國人看來，原是耶穌會士的神聖教區，因爲它是明末天主教先驅徐光啓的老家（孫中山和蔣中正二公的丈母娘倪老夫人便是徐家的後裔。他們倪家也是近代中國裡最老的耶穌教家庭之一）。臥榻之側，豈容他人鼾睡呢？既經中國敦請，他們就乘勢而來了。

還有一點，可能也是新到的法軍要藉機耀武示威。上海本有英法兩國租界。小刀會亂起，所有的風光都被英國人搶盡了。法國多少也得來一下，這也是帝國主義少不了的心態吧！

五年之後，那個「東方凡爾賽宮」的圓明園之焚燬，也是英法「聯軍」共同放火的嘛！

＊原載於台北《傳記文學》第六十三卷第五期

國家圖書館出版品預行編目資料

晚清七十年 / 唐德剛著. -- 初版. -- 台北市
：遠流，1998〔民87〕
冊；　　公分. -- （唐德剛作品集；1-5）
ISBN 957-32-3510-2（一套：平裝）. -- ISBN
957-32-3511-0（第壹冊：平裝）. -- ISBN 957-
32-3512-9（第貳冊：平裝）. -- ISBN 957-32-
3513-7（第參冊：平裝）. -- ISBN 957-32-3514
-5（第肆冊：平裝）. -- ISBN 957-32-3515-3（
第伍冊：平裝）

1. 中國 - 歷史 - 晚清（1840-1911）

627.6　　　　87005962